【最新版】
やってはいけない「実家」の相続

税理士法人レガシィ
天野 隆
天野大輔

青春新書
INTELLIGENCE

はじめに

お盆や年末年始、久しぶりに実家に帰省し、家族団らんのひと時を楽しむ一方で、

「この先、親が住むこの家をどうしよう……」

という悩みが、ふと頭をよぎることはないでしょうか。あるいは、すでに実家には住む人がなく、空き家状態になっている人もいるかもしれません。

実はこの「実家の相続」の問題は、一部の人のものではなく、今、多くの人が抱えている大問題なのです。

それには、相続を受ける年代が高齢化したことが関係しています。親が80代、90代まで長生きするようになったため、相続人は50代、60代が中心となっていますが、この年代の多くはすでにマイホームを持っているために、親が住んでいた実家は誰も住まないまま放置されるケースが増えているのです。

誰も住まないからといって、思い入れのある実家を取り壊すには決心がいりますし、家

の片づけの手間や解体費用もかかります。「だったら、そのままにしておこう」と考えるのも無理はありません。こうして、日本中に空き家が増えているわけです。

しかし、手入れの行き届かない空き家は、火災や犯罪などのリスクを高め、周辺地域や行政にとって厄介《やっかい》な存在です。そこで、ここにきて空き家の発生を防ぐためのさまざまな法律や制度の改正が、矢継ぎ早に打ち出されてきています。それが「実家の相続」にも影響を及ぼしているのです。

大きな変化の1つは、2024年4月からの「相続登記の義務化」です。特別の理由がないまま遺産相続から3年以内に登記をしなかった場合は、10万円以下の過料が科されてしまいます。

また、実家をそのまま残す理由に、固定資産税を挙げる人もいるでしょう。家をそのまま残しておけば、更地にした場合に比べて、敷地の固定資産税が6分の1に減額される特例措置があるためです。

しかし、ここにもメスが入ることになりました。すでに2015年には、倒壊の危険性が高かったり衛生上の問題がある空き家を「特定空き家」として、固定資産税の特例から除外し、過料を科したり行政代執行による解体も可能とされました。

加えて、2023年12月からは、「特定空き家」ほどひどくはないにしても、やはり管理が行き届いていない空き家を「管理不全空き家」として、固定資産税の特例措置から除外することになったのです。

ムチだけではなく、アメもあります。2023年末までとされていた「空き家譲渡特例」が、2027年末まで延長となりました。これは、相続した古い実家の空き家を、3年目の年末までに取り壊してその敷地を売却した場合、いくつかの要件にあてはまれば、土地を売った所得にかかる税金（譲渡所得税）が最高3000万円控除されるという制度です。

こうした流れによって、実家の相続の常識も変わってきました。これまでは、住まない親の家を「しばらくはそのままにして様子を見よう」としても差し支えありませんでしたが、これからはそのままにしておくことが、最も「やってはいけない」ことになったのです。

もちろん、実家の取り壊しや売却には、残された家族の心情や人間関係もからんできます。残念ながら、「こうすれば実家の相続はすべて解決する」という万能の方法はありません。

しかし、だからこそ、日本中でたくさんの人たちが実家の相続に悩んでいるわけです。それぞれの家庭の状況に応じて、よりよい解決法は必ず存在します。私たち税理士法人レガシィは、これまで2万6000件以上の相続のご相談に対応してきたデータと経験の蓄積があります。

本書が、どのように実家を相続すればよいのかを考えるきっかけとなり、最良の解決法を見出すお役に立てれば、これほど喜ばしいことはありません。

『【最新版】やってはいけない「実家」の相続』　目次

1章

「実家の相続」のルールが変わる！

——不動産の相続を巡る大変化

2章 「実家の相続」が難しい理由
――「住まない、売れない、分けられない」親の家

3章 相続専門税理士が教える「相続の基本」

――モメないために、これだけは知っておきたい

4章 「実家」はなくなっても「家」は遺る
――親子で今日からできる相続対策

5章

知らないと損する！　相続対策の新常識

――〝マンション節税〟が禁じ手になる日

本文デザイン／青木佐和子
編集協力／二村高史

1章

「実家の相続」のルールが変わる！

不動産の相続を巡る大変化

増加の一途をたどる「管理の行き届かない空き家」

この本を手に取られた方は、

「実家を相続したものの、今は誰も住んでいない」

「いずれ実家の相続が発生しそうだが、どうやって分けたり処分したりすればいいのか」

と、「実家の相続」に頭を悩ませているのではないでしょうか。

この問題と大きくかかわっているのが、「空き家問題」です。

今、日本全土で空き家が増え続けています。２０１９年に総務省が発表した「平成30年住宅・土地統計調査」によれば、全国の空き家の総数は８４９万戸にのぼり、１９９８年の５７６万戸から20年間で約１・５倍に増加しました。２０２４年に発表される調査結果では、１０００万戸を超えるだろうと予想されています。

もっとも、この数字には、別荘やセカンドハウスなどの「二次的住宅」のほか、賃貸や売却を目的として一時的に空き家となっている「賃貸や売却用の空き家」が含まれていま

住む人のあてがない「空き家」が増えている

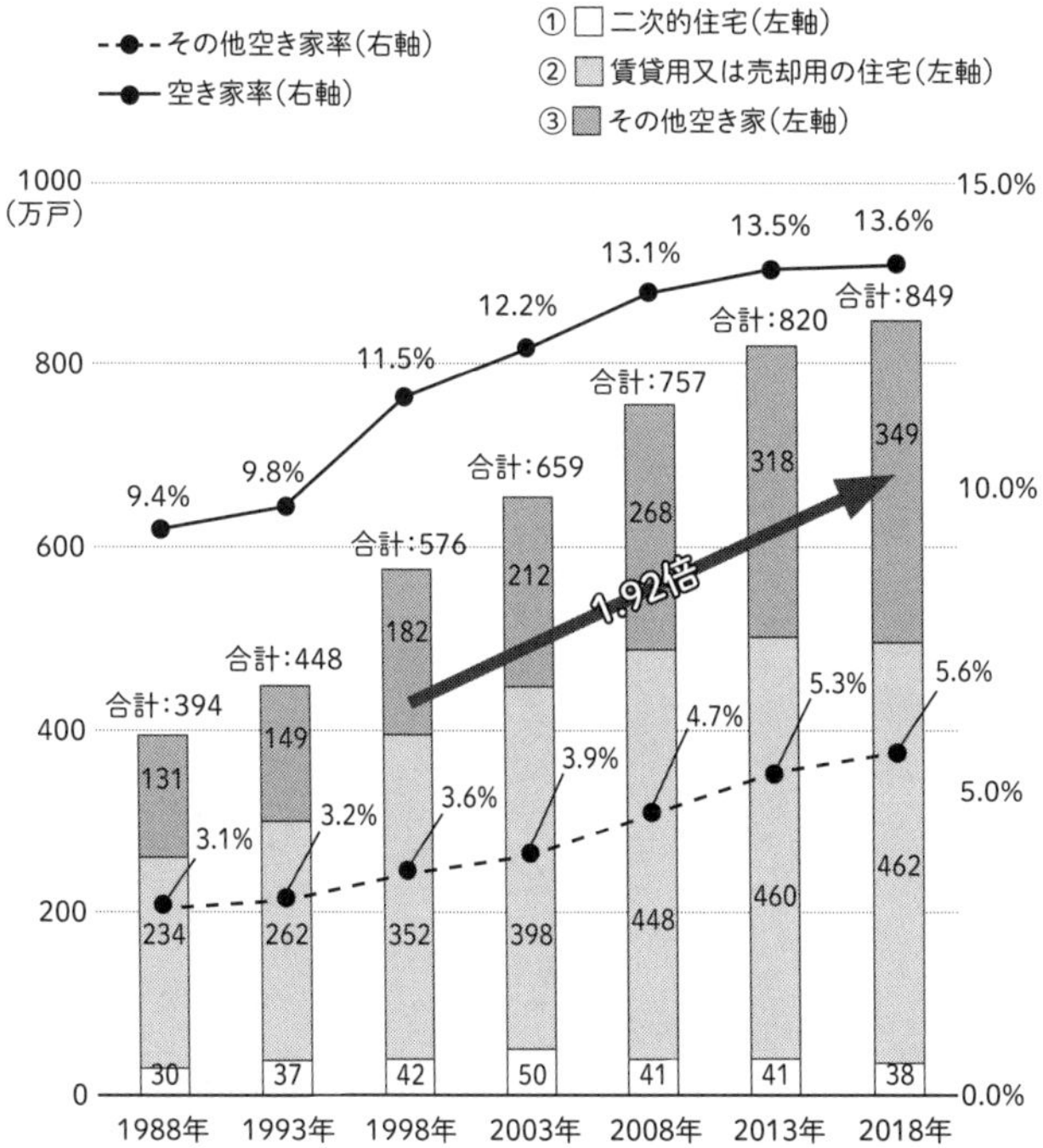

出典：住宅・土地統計調査（総務省）

①「二次的住宅」は、別荘及びその他（たまに寝泊まりする人がいる住宅）。
②「賃貸用又は売却用の住宅」は、新築・中古を問わず、賃貸または売却のために空き家になっている住宅。
③「その他空き家」は、前記の他に人が住んでいない住宅で、転勤・入院などのため居住世帯が長期にわたって不在の住宅や建て替えなどのために取り壊すことになっている住宅などのこと。
空き家の総数は、この20年で約1.5倍に増加し、なかでも長期にわたって人が住んでいない「その他空き家」は約1.9倍に増えている。

す。これに対して、現在大きな社会問題になっているのが、そのどちらにも含まれない「その他空き家」です。

「その他空き家」とは、簡単にいうと住む人のあてがない空き家のことです。住む人がいなくなったり、なかには所有者が不明になったりして、管理が行き届きにくい空き家といってもよいでしょう。そのまま放置しておくと、防災、防犯、衛生などの面で大きな懸念が生じる恐れがあります。

そうした「その他空き家」は、１９９８年に１８２万戸だったものが２０１８年には３４９万戸と、空き家全体の増加率を上回り、１・92倍に増えています。ほぼ倍増といっても過言ではありません。すでにその数は、住宅総数の５・６％に達しています。

空き家の数は増える一方と考えられ、２０２５年には４２０万戸、２０３０年には４７０万戸が「その他空き家」になるという予測もあります（令和４年国土交通省住宅局「空き家政策の現状と課題及び検討の方向性」より）。これは由々《ゆゆ》しき事態といってよいでしょう。

「実家の相続」で空き家が生まれる

こうした空き家が増えた理由の1つが相続です。なぜ相続によって空き家が増えるのか、不思議に感じられるかもしれませんが、それは日本人の平均寿命が延びたことと関係があります。

80代、90代はもちろんのこと、100歳以上の長生きする人が増えたために、相続が発生した（つまり、資産を持っていた被相続人が亡くなった）時点で、遺産を受け取る人（相続人）はすでに50代、60代に達しているケースが増えてきたのです。

2022年の事例を見ると、被相続人の年齢は70歳以上が全体の92%。80歳以上だけを見ても75%に達しています。二次相続（＊注）に限っていえば、被相続人が女性の場合は平均89歳、男性の場合は平均87歳になっています（税理士法人レガシィ調べ）。

総じて、現在の親から子への相続というのは、親が80代～90代、子どもが50代～60代というパターンが大半を占めているといってよいでしょう。

一方で、日本の持ち家住宅率は約6割といわれています。50代ともなると、大半の人は一戸建てにせよマンションにせよ、自宅を持っています。ですから、親から相続した実家に住む必要がないのです。

かつて平均寿命が短かった時代には、50代、60代の親が亡くなって、20代、30代の子が相続するケースが一般的でした。その場合、20代で持ち家のある人は少ないので、別居していた子が実家に戻る可能性は高くなります。それなら空き家は増えません。

ところが、平均寿命が延びた現在、50代、60代で実家を相続したはいいけれど、すでにマイホームがあるから、実家をそのままにしてしまうケースが増えているのです。その結果、空き家が増えてきたというわけです。

現に、空き家の取得経緯を調べた調査によれば、「相続」が全体の約55％を占めていることがわかりました（国土交通省「令和元年　空き家所有者実態調査」による）。

また、「その他住宅」の空き家所有者の年代を見ると、全体の70・1％が60代以上の高齢者となっているというデータもあります（総務省「平成30年住宅・土地統計調査」による）。

こうした統計からも、相続で実家を取得したものの、すでにマイホームを持っているために、そのまま空き家にしているケースが多いことが容易に想像できます。しかも、所有者に高齢者が多いということは、次の相続でもこの状態が続いていくことを意味します。つまり、空き家のまま所有者だけが次の世代に代わっていき、空き家問題はさらに深刻化すると予測されているのです。

（＊注）相続には一次相続と二次相続があります。一次相続とは、配偶者のどちらかが亡くなったときの相続のこと。二次相続とは、残された配偶者が亡くなって、子どもたち（子どもがいない場合は、兄弟姉妹など）が相続人になる相続のことです。遺産分割でモメがちなのは、もっぱら二次相続のときです。本書では、とくに断りがない限り、「相続」というときは二次相続を念頭において論じていきます。

空き家問題の背景にある人口減少

空き家が増えるもう１つの大きな要因は、何と言っても人口減少です。ご存じのように、現在の日本では、亡くなる人のほうが生まれる人よりも多くなっています。家を必要とする絶対数が減っているのですから、空き家が増えるのは必然といってよいでしょう。

今後も人口減少は続くことが予想されます。外国から多数の移民を受け入れれば話は別ですが、それにはデリケートな問題もあって政府も簡単には踏み切れないでしょう。人口減少を食い止めるのは並大抵のことではなく、このままでは空き家がさらに増えていくことは間違いありません。

とくに悩ましいのは、人口減少と高齢化が進んでいる地方です。家を必要とする若い世代が少ないうえに、都会に出た人たちは実家を相続しても戻ることがないのですから、空き家は増える一方です。

実際、都道府県別に「その他の住宅空き家率」と「人口増減率」「高齢化率」との関係を見ると、人口減少率や高齢化率の高い都道府県ほど、「その他の住宅空き家率」も高くなる傾向があるのです。（「国土交通白書２０１５年」より）

所有者不明の空き家や土地が急増

都会に出た子どもたちにとって、空き家になった地方の実家を管理するのはラクなことではありません。それが遠距離にあればなおさらです。かくして、防災、防犯、衛生などの面から問題のある空き家が増えてしまうわけです。

それでも所有者がわかっているうちは、まだましです。問題なのは、所有者がわからなくなってしまった空き家です。事実、相続をきっかけにして所有者不明になってしまった家屋や土地が、全国で急激に増えているのです。

国土交通省が2022年に発表した調査によると、全国56万筆近い土地のうち、「登記簿のみでは所在不明」が24%にも達しました。つまり、登記簿を見ても所有者に連絡のとれない土地が24%もあるのです。これは非常に厄介な事態です。

所有者が不明になると、どういう不都合があるのでしょうか。

例えば、隣り合う土地との境界線をはっきりしたいとき、登記簿を見ても相手と連絡できなくては話が進められません。家屋の場合も同様で、地元の自治体が危険な空き家を取り壊したり修復して活用したいと思っても、所有者に連絡がとれなくては何もできません。所有者不明といっても、誰かの財産であることには違いありませんから、自治体が勝手に壊したりリフォームしたり貸し出したりすることはできません。そうなると、空き家は荒廃するに任せるしかなくなってしまうのです。

所有者不明の土地や家屋が増えている大きな原因は、相続人が相続登記（所有者の名義変更）をしないことにあります。

「相続してせっかく自分のものになったのに、なぜ登記をしないのか」と、思われるかもしれません。それには、主に次のａ～ｃのような理由があります。

a　先祖の名前を残しておきたい

地方の名家では、先祖代々受け継いだ農地を持っているところが多くあります。かなり特殊な事例ではありますが、そうした家では先祖を敬うあまり、先祖の名前を残しておこうとして、あえて相続登記（名義変更）をしなかったというケースがあります。

b 登記費用を出したくない

これが、最も多い理由です。1㎡（平方メートル）で何十万円もする都会の土地ならいざ知らず、地方に行くと裏山全体の評価額がたったの2万円ということもざらにあります。使い道のない土地や値段がつかないような家屋をわざわざ相続して、何十万円もかかる登記費用を出したくない、「面倒だから放っておこう」と考える人がいても不思議ではありません。

c 固定資産税を払いたくない

bと同様の理由で、固定資産税を払いたくないと考える人がいます。もっとも、未登記であっても固定資産税は払わなくてはならず、これを払わずに済ますことは困難です。固定資産税を徴収するのは市区町村であり、市区町村には相続の情報が当然入ってきますから、それをもとにして固定資産税の通知が相続人に届くことになります。とはいえ、登記簿の管理は法務省の管轄であり、市区町村には登記をさせる権限はありませんから、登記簿の名義はそのままです。

こうしたさまざまな理由から、昔々の先祖の名前がずっと登記簿に残っているという状態になってしまうのです。

「実家の相続」を巡る法改正

荒廃した空き家が増えることは、行政にとって防災、防犯の点で大きな懸念材料です。こうした事態を受けて、空き家の発生を防ぐために、「実家の相続」に関してさまざまな法律や制度の改正が進んでいます。国税庁、総務省、国土交通省などを中心にして、国が空き家発生を防止する方向へ動いているのです。

ここでは、そうした最近の法律、制度の改正について、
①相続登記の義務化
②「空き家譲渡特例」の適用期限の延長

③「相続土地国庫帰属制度」のスタート
④「空き家等対策特別措置法」の改正
の順に説明していきましょう。

①相続登記の義務化（2024年4月〜）

「実家の相続」にかかわる大きな変更は、「相続登記の義務化」です。これは、民法と不動産登記法などの法律改正によって、2024年4月1日から施行されます。

相続登記改正により、2つの義務が課されることになります。

1つ目は、相続開始および不動産の取得を知った日から3年以内に登記を行う義務です。よって、相続人が1人、もしくは、複数人に関係なく（分割確定していなくても準共有状態で取得しているため）、義務が発生するため、どこかの山奥にある不動産があとから見つかったというケース等々でなければ、通常は相続開始日から3年以内になるケースが多いかと思います。

ただ、相続人が複数人の場合、3年以内に分割が確定していない場合があるため、この場合は、法定相続登記もしくは相続人申告登記を行う必要があります（相続人申告登記は今回新設された制度で、簡易な手続きなのでこちらを利用される方が多いのではないかと思います）。もちろん、分割が確定すれば、これらの登記はしないで確定した相続人ベースで登記したほうが無駄なコストが省けます。

2つ目は、前記で確定していなかった分割が確定した場合に、その遺産分割確定から3年以内に確定した相続人を登記する義務です。

時間はたっぷりあるように思われますが、相続後のさまざまな手続きや雑事があると、どうしても後まわしになりがちです。できれば、相続税を申告したらすぐに登記することをおすすめします。相続税の申告期限は相続発生から10カ月以内ですから、相続税を申告したらすぐに登記をすると頭に入れておけばよいでしょう。

相続税を支払う必要がない人でも、遺産分割をしたらできるだけ早く登記をすることをおすすめします。

不動産を相続したら必ず登記をすること。「登記をすることではじめて相続が完了する」

というのが「実家の相続」の鉄則です。

「登記をしなくても、黙っていればわからないのでは？」

そう思うかもしれませんが、国は登記簿のデータベース化を進めており、連絡先不明の不動産を減らそうと躍起《やっき》になっています。データベースが完成すれば、登記せずにそのままにしていた不動産はすぐにわかるようになるでしょう。

不動産を取得した相続人が、その取得を知った日から3年以内に相続登記の申請をしないと、正当な理由がない場合、10万円以下の過料が科されます。また、あとで紹介するように「地面師《じめんし》」のような犯罪者に狙われる恐れも出てきます。

相続登記の義務化と歩調を合わせて、先ほど触れた「相続人申告登記」、「住所等の変更登記の申請義務化」「所有不動産記録証明制度」も導入されることになりました。これらについても、簡単に説明しましょう。

相続人申告登記

遺産分割協議がまとまらないうちは、不動産の所有者が決まりません。登記簿の所有者は亡くなった被相続人のままです。しかし、協議がモメて登記ができないまま3年を過ぎてしまうと、前にも述べたように、新しい制度では10万円以下の過料が科されることになりました。

それを避けるための、いわば救済制度が「相続人申告登記」です。これは、相続人が「自分が相続人の1人である」と法務局に申し出ることで、相続登記の申請義務を果たす——つまり過料を免れることができるという制度です。

自身が相続人の1人であることを証明するために、戸籍謄本などを提出すれば済みます。争っている相続人全員から書類を集める必要はありません。こうしておけば、法務局としても連絡先がわかるので、空き家になるリスクを下げられるメリットがあるのです。なお、相続人が複数いる場合でも、特定の相続人が単独で申し出ることもできます。

その後、遺産分割協議がまとまったら、その結果に基づいて正式な相続登記をするという仕組みです。その場合、登記の期限は遺産分割の日から3年以内と定められています。

ただし、実務ではこの制度を利用する事例は少ないかと思います。というのも、3年間も遺産分割協議がモメたままというケースは、全体の数%もないからです。

住所等の変更登記の申請義務化

相続登記の義務化とともに気をつけておきたいのが、この「住所等の変更登記の申請義務化」です。これは、不動産の所有者が住所や氏名を変更した場合、変更した日から2年以内に登記申請をしなくてはいけないという制度です。怠った場合は、5万円以下の過料が科されます。

これもまた、登記簿を見れば必ず連絡先がわかるようにして、所在不明の不動産を減らすことが目的です。転勤などで住所が変わることの多い人は要注意です。この制度は2026年4月から開始されます。

所有不動産記録証明制度

被相続人が登記簿上の所有者と記載されたままの不動産を、各地の法務局にいる登記官がリスト化して証明してくれる制度です。つまり、亡くなった人がどこに土地を持っているのか、登記簿にはどう載っているかというデータベースを出してくれるわけです。

これは、亡くなった親があちこちに土地を持っていて、子どもたちがそれを把握できていないときに役立ちます。

この制度は登記簿をデータベース化することではじめて可能になります。２０２６年２月から開始するとのことですから、そのときまでにデータベース化が完了する予定なのでしょう。

登記しないと「地面師」の餌食になる恐れも

登記を怠っていると、いつまでも亡くなった人の名義のままになってしまいます。それは、空き家対策として社会的な問題を生じさせるだけでなく、土地の所有者個人に対しても災厄の種になる恐れがあります。

登記とは、その土地や家屋が自分のものだと主張することです。それをしなければ、別の人に勝手に使われたり盗られたりするかもしれません。

とくに悪質なのが、土地の所有者のふりをして詐欺《さぎ》を働き、不動産会社などをだまして大金を巻き上げる、いわゆる「地面師」です。

2017年に東京の一等地を巡って起きた地面師グループの詐欺事件は、メディアでも大きく取り上げられたので、ご存じの方も多いでしょう。大手不動産会社の積水ハウスが、まんまと50億円以上をだまし取られてしまいました。

地面師グループが狙っているのは、亡くなった人の名義の不動産です。パスポート、実印、印鑑証明書などを偽造して地主になりすまし、不動産屋や親族の役を演じる人間とともに、まことしやかに土地の買い取りを求めてきます。そして、契約金を受け取ったところで姿を消してしまうという手口です。積水ハウスの事件の場合、本来の地主さんは健在でしたが、一等地に古くからの建物が残っていたので狙われたのでしょう。

積水ハウスが仮登記をした時点で地主さん側からの警告書が届いたにもかかわらず、積水ハウスはそれを怪文書だと判断して地面師グループに残金を支払ってしまいました。

法務局は調査のうえで本登記を却下。その後、間もなく地主さんが亡くなると、相続人が相続登記をして無事に不動産は守られました。犯人グループは10人で、やがて全員が逮捕されましたが、損害賠償命令が下ったとしても、どれだけ取り戻せるかはわかりません。

地面師による詐欺事件というと、この積水ハウスの事件が有名ですが、これ以外にもよくある話です。これほど大規模な事件は最近では珍しいのですが、都会のちょっといい土地が狙われて、知らないうちに権利を勝手に使われたり売却されたりすることがあるのです。

不動産会社側の対策は簡単で、土地の所有者と名乗る人物の本人確認をきちんとすることです。書類は偽造かもしれませんので、その本人をよく知っている近所の人に聞き込みをするのが一番であり、当然の対策です。先ほどの事件では、本来の地主は都心に大きな土地を持っていた人ですから、周囲で知らない人はいないでしょう。写真を持って聞き込みをしていれば、「地主はその人じゃない」という話が出て終わったはずです。

事実、この地面師グループはほかの不動産会社にも声を掛けていたものの、土地所有者の本人確認ができないという理由で断られていたといいます。

そして、地主さんの立場としては、その土地は自分のものであると主張するためにも、登記をしておく必要があります。積水ハウスの事件でも、本来の地主がきちんと登記をしていたからこそ、法務局が偽の登記申請を却下したわけです。もし、そうでなければ、どうなっていたことでしょうか。

私もこれまで、土地登記に関して裁判になった事例をいくつか見ています。登記をしていれば当然その人が優先されるので簡単にけりがつくはずですが、登記をしていないと裁判が長引いて下手をすると不動産が取り戻せないこともありえます。

地面師の詐欺の舞台になってしまうと、本来の所有者も相続人もとばっちりを受けます。そんなことにならないよう、相続をしたらできるだけ早く相続登記を済ませてください。

②「空き家譲渡特例」の適用期限の延長（2023年末→2027年末まで）

空き家対策の1つとして、2023年末までと設定されていた「空き家譲渡特例」が、令和5年度税制改正によって2027年末までに延長されました。

この特例は、相続した古い「実家の空き家」を、相続の開始があった日から3年目の年末までに取り壊してその敷地を売却した場合等、いくつかの要件に当てはまれば、土地を売った所得（譲渡所得）から最高3000万円控除されるという制度です。

正式には「被相続人の居住用財産（空き家）に係る譲渡所得の特別控除の特例」といい、

譲渡所得が3000万円までなら譲渡所得税はゼロ。譲渡所得が4000万円ならば、控除額3000万円を超えた1000万円分だけに譲渡所得税がかかるという仕組みです。

適用期間を確認しましょう。例えば、相続発生（被相続人の死去）が2024年6月1日だとすると、そこから3年目というと2027年6月1日になります。ですから、その年末である2027年12月31日までに家屋を解体して敷地の売却等をすればよいことになります。

売却がそれ以後になると、税率20・315％（所得税15・315％+住民税5％）が譲渡益全体に課税されます（譲渡した年の1月1日現在で不動産所有期間が5年を超える場合）。つまり、手取りは約8割に減ってしまうのです。

適用されるための要件はいくつかありますが、大原則として空き家となった実家が「昭和56年（1981年）5月31日以前に建築されたこと」です。

その翌日に当たる1981年6月1日は、建築基準法が定める現在の耐震基準が施行された日です。それ以前の建物は耐震性が低いために、できれば早く建て直してほしいというのが行政の考えでしょう。ましてや、そうした家屋が空き家になったままでは危険極ま

空き家3000万円控除の期限（例）

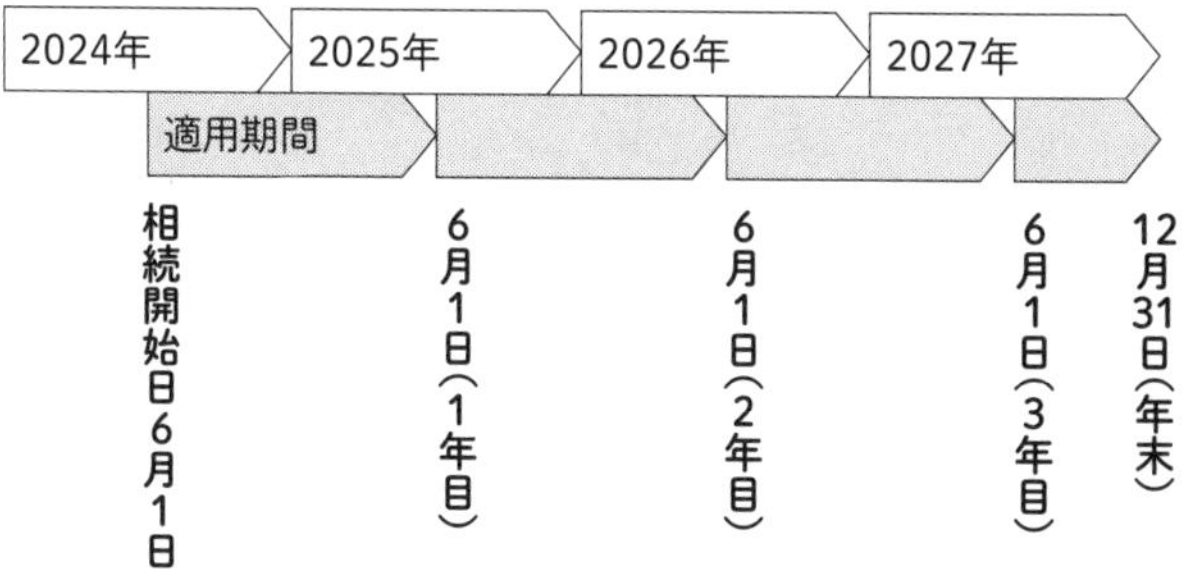

相続が発生した日（この場合は2024年6月1日）から3年目の年末（2027年12月31日）までに、家を取り壊してその敷地を売却等した場合、譲渡所得が3000万円までなら譲渡所得税がかからない。

りない状態です。

そう考えると、この特例はまさに空き家対策だということがわかります。古くて危険な空き家をなるべく早く取り壊してもらい、土地を有効活用してもらおうという目的でつくられた特例といってよいでしょう。

空き家の取り壊しが前提ですが、取り壊さないで売却することも可能とされています。その場合は家屋を耐震リフォームすることが要件とされていますが、実際にはこのケースはまれだと思います。

また、この特例を受けるための要件として、「相続の開始の直前において被相続人以外に居住をしていた人がいなかったこと」があります。つまり、亡くなる直前の段階で、家族を含めて同居人がいなかったことが必要とされます。

さらに、相続開始から売却までの期間に、空き家や更地になった敷地を誰かに貸したり事業用に使ったりしていないことも要件に含まれています。例えば、小銭を稼ごうとして更地を駐車場として貸していると、要件を満たさなくなってしまうので注意が必要です。

被相続人が老人ホームに入所していた場合には

「空き家譲渡特例」が適用されるには、相続の開始があった日から3年後の年末までに敷地の売却等をしなければいけません。では、例えば亡くなったお母さんが老人ホームに入っていた場合、この特例を受けられるのでしょうか。

亡くなった時点で老人ホームに入っていると、適用できないのではないかと考えてしまいますが、現在では人生の最期の段階において、老人ホームをはじめとする高齢者施設に入るのが当たり前の時代になりました。そこで、そうしたケースを救済するための通達が出されています。

具体的には、要支援や要介護認定を受けており、入所していた施設が一定の条件に当てはまっている等の一定の要件を満たしていれば、特例の適用が認められます。

「令和5年度税制改正」による特例の見直し

3000万円の「空き家譲渡特例」は、令和5年度税制改正によって適用期限が延長されたと書きましたが、それに伴って、いくつかの見直しがありました。

大きな変更点としては、家屋の取り壊しのタイミングがあります。これまでは、相続人（売り主）が家屋の取り壊しをしたあとに、敷地の売却をしなくてはなりませんでした。これが緩和されて、家屋の取り壊し前に敷地の売買契約を結び、買い主が取り壊し工事をすることも認められるようになりました。取り壊しの期限は、引渡しをした翌年の2月15日です。

家屋を取り壊さずに耐震リフォームをしてから売却する場合も、同じように買い主が工事をすることも可能になりました。

次に、特別控除額の3000万円についても、細かな変更がありました。相続人が複数いる場合、改正前は全員に1人当たり控除額3000万円が設定されていました。これに対して、改正後は相続人が3人以上いる場合、1人当たりの控除額が2000万円に抑えられました。

従来の条件で、大きな物件を3人で相続した場合、合計で9000万円まで譲渡所得税がかからないのは甘すぎるということなのでしょう。そこで、ほんの少し条件を厳しくしたのだと考えられます。

大きな変更のように見えますが、これに該当するケースはまれだと私たちは考えています。相続した土地をきょうだい（兄弟姉妹）で共有することは、話が面倒になるので避けられるのが一般的です。1人が売りたいといっても、ほかの人が納得しないと売ることも貸すこともできません。相続直後はともかく、時間が経つにつれて各人の利害が対立してモメる原因になります。現実的にはあまりないでしょう。

いずれにしても、「空き家譲渡特例」は国がせっかく用意してくれた特例です。3年以内に売却するだけで何百万円もの譲渡所得税が節税でき、しかも空き家対策に貢献できるのですから、要件を満たせばぜひとも利用していただきたいものです。

ただし、特例を認定してもらうには、要件に合致していることを証明するための書類を用意しなくてはなりません。「空き家の実家」を相続することがはっきりした時点で、売却のことまで考えて必要書類を自分で準備するか、税理士に相談していただくのがよいかと思います。

③「相続土地国庫帰属制度」のスタート（2023年4月～）

世の中には、相続でもらっても、ありがた迷惑なだけの不動産が存在します。維持管理にひどく費用や手間がかかったり、売り手や買い手がつきそうにない不動産は、負の資産という意味を込めて「負動産」などと呼ばれることさえあります。

相続するのがそんな「負動産」だとしたら、「いっそのことタダで手放すことはできないのか？」と考えたくなるでしょう。

そんな声に応えてか、2023年4月からスタートしたのが、土地を手放すための「相続土地国庫帰属制度《こっこきぞくせいど》」です。これは、相続したくない土地を、国に引き取ってもらう制度です。空き家ではなく土地を対象にしており、管理処分に過分の費用または労力を要する土地は対象外です（建物がある土地、土壌汚染がある土地、崖がある土地、権利関係に争いがある土地など）。

相続した土地を国庫に帰属させるためには、審査手数料を支払って法務局による審査・承認を経たのちに、申請者が10年分の土地管理費に相当する額の負担金を納めなくてはなりません。条件が厳しいうえに、結局かなりのお金がかかるのですから、正直なところ使いにくそうな制度です。

それはそうでしょう。国としても転売できない土地はほしくないはずです。転売できなければ丸損になり、税金の無駄遣いになってしまいます。人がほしくない土地は、国もほしくないので、ハードルを高く設定しているのだと思います。

あくまでも想像ですが、例えば震災や水害で被害を受けた土地を救済するときなどに、特例中の特例として設けた制度ではないでしょうか。災害からの復興事業や再開発がスムーズに進むように、国がとりあえず買い取ろうという制度だとも考えられます。

ですから、あまり一般の人は期待しないほうがいいかもしれません。国に引き取ってもらうより、民間で引き取ってくれるところを探したほうが現実的だと思います。

④「空き家等対策特別措置法」の改正（2023年12月）

危険な空き家を放置させないために、「実家の空き家」の所有者にとってちょっと厳しい法律改正もありました。それが、「空き家等対策特別措置法」の改正です。

今回の法律改正の解説をする前に、空き家と固定資産税の関係から説明をはじめましょう。

住宅用地に居住用の小規模な家屋が建っている場合、その敷地の固定資産税は、更地の場合と比較して6分の1に減額されるという特例措置があります。自分が所有する土地に住む一般の人にとって、税負担が軽くなるありがたい措置です。

2015年の法律で定義された「特定空き家」

ところが、その家屋が空き家となって、管理が行き届かなくなってしまったらどうなるでしょうか。「空き家のままでは物騒だ」という苦情が近所から寄せられて、所有者が空き家を取り壊したいと思っても、更地にしてしまうと、土地の固定資産税は6倍になってしまうのです。

「わざわざ解体費用を払って固定資産税まで高くなるのなら、そのままにしておいたほうがいい」と所有者が考えるのも無理はありません。

しかし、空き家を減らそうとする立場から見ると、危険な空き家をそのままにしておいたほうが固定資産税が安いというのは本末転倒です。

この矛盾を解消するために、まず2015年5月に「空き家等対策特別措置法」が施行されました。

この法律では、倒壊の危険性が高かったり衛生上の問題があるなど、周辺の生活環境に悪影響を及ぼす空き家を「特定空き家」と定義しました。

「特定空き家」の所有者には、行政による指導、助言、勧告が行われ、それでも効果がな

特定空き家の固定資産税は高くなる！

不動産の区分		特例の適用	固定資産税の計算方法
更地	住宅がない状態	なし	課税標準額×1.4％（税率）
小規模住宅用地	住宅1戸につき200㎡以下の敷地	あり	課税標準額×**1/6（特例率）**×1.4％（税率）
一般住宅用地	200㎡を超えた部分の敷地	あり	課税標準額×**1/3（特例率）**×1.4％（税率）
特定空き家	「特定空き家」と指定された敷地	なし	課税標準額×1.4％（税率）

土地の固定資産税は、住宅が建っていると、特例により、更地よりも税金が安くなる（200㎡以下の敷地の場合は、1/6安くなる）。しかし、国から「特定空き家」に指定された場合はこの特例が適用されなくなり、固定資産税が高くなってしまう。

いときは、前に述べた固定資産税の軽減が適用されなくなったのです。つまり、固定資産税が6倍になってしまいます。さらに放置しておくと50万円以下の過料や行政代執行による解体も可能とされました。

従来は、空き家といっても個人の財産なので、周辺に悪影響を与えているとしても、行政は手を出しにくいのが実情でした。しかし、この法律の施行によって、あまりにひどい空き家に対しては個人の権利を制限して、行政が手を打てるようになったのです。

ここまでは、従来の「空き家等対策特別措置法」で定められた内容です。

2023年に新しく設定された「管理不全空き家」

2023年12月13日に施行された、新しい「空き家等対策特別措置法」では、さらに「管理不全空き家」という分類を設けて、空き家対策が強化されました。

「管理不全空き家」というのは、管理が不十分でそのまま放置すると、「特定空き家」になる恐れがある空き家を指しています。例えば、窓ガラスが割れたままになっていたり、屋根瓦が何枚も落ちたりしている家屋がそれに当たると考えられます。

「特定空き家」に該当しなくても、今後はこうした「管理不全空き家」の段階で、行政による改善の指導や勧告が行われたり、固定資産税の特例が適用されなくなったりする可能性があります。

●特定空き家

倒壊の危険性が高い、衛生上問題がある。周辺の生活環境に悪影響を及ぼす空き家。

a 行政による指導、助言、勧告

b 固定資産税の住宅用地特例の解除

c　除去等の行政代執行、50万円以下の過料

●管理不全空き家

管理が不十分で、そのままにすると「特定空き家」になる恐れがある空き家。

a　行政による指導、助言、勧告

b　固定資産税の住宅用地特例の解除

これまでは「実家の空き家」がそのまま建ってさえいれば、固定資産税は安く済みましたが、今後はそうはいきません。定期的に空き家の状況を確認して、管理していく必要があるのです。

column

空き家の新しい活用法

最近では地方の空き家を民泊として活用したり、空き家の仲介をしたりといった「住まない空き家」を活用したサービスが生まれています。

ここでは、2つのサービスを紹介します。

・**「LIFULL HOME'S 空き家バンク」（https://www.homes.co.jp/akiyabank/）**

自治体が行っている「空き家バンク」というサービスがあります。これは、空き家の貸し出しや売却を希望する所有者から情報を集め、それらを利用したい人に紹介する制度のことです。そこで重要となるのは、空き家の所有者と有効活用したい人とのマッチングでしょう。

不動産仲介大手LIFULLは、自治体が集めた「空き家バンク」の情報をデータベース化して「空き家の見える化」をするとともに、空き家問題を解決する相談員を育成しています。

・「wataridori」（https://www.wataridori-life.com）

空き家対策として、新しいライフスタイルを提案している会員制のサービスです。各地の空き家を借りて「渡り鳥ハウス」として提供しており、利用者は1週間以上の長期滞在をすることで、地域のよさに触れながら民泊代わりやリモートオフィスとして利用することができます。

空き家の所有者にとっても、売却や貸し出しの一助になりますので、検討してみてはいかがでしょうか。

2章

「実家の相続」が難しい理由

「住まない、売れない、分けられない」親の家

「住まない実家」を維持するのはこんなに大変！

実家の相続は一筋縄ではいきません。もちろん、親と同居をしていた子が、亡くなった親の家と土地を相続して引き続き住むというなら話は別です。しかし、今の世の中、そうした幸せなケースはむしろ少数派といってよいでしょう。

親とは別居していて、すでに別の場所にマイホームを持っていると、相続した実家の扱いは厄介です。誰も住まなくなった実家を維持管理しなければならないからです。それが遠距離にある場合はなおさらです。

そんな「住まない実家」の維持管理が大変であることを改めて教えてくれたのは、タレントの松本明子さんが2022年6月に出版した『実家じまい終わらせました！』（祥伝社）という1冊の本でした。

松本さんは高松市の山間部にある実家を、25年間空き家のまま維持したことで、諸経費が合計でなんと1800万円もかかったというのです。

松本さんの実家は、1972年にお父さんが宮大工に依頼して建てた、総檜《ヒノキ》の自慢の家でした。しかしその後、松本さんが27歳のとき、両親を東京に呼び寄せて親子3人で同居をはじめます。

松本さんのお兄さんはすでにマイホームがあったこともあり、お父さんは娘の松本さんに高松の家を継いでほしいと願っていたようです。2003年に亡くなる直前にも、「明子、実家を頼む」と言い残したといいます。

しかし、東京で仕事をしながら実家を維持するのは大変でした。固定資産税、火災保険、手入れのために帰省する交通費、いつでも戻れるようにと止めなかった水道や電気などの光熱費、家や庭の手入れを依頼した人件費など、年間約37万円もの維持費がかかったのです。

さらに、東日本大震災を体験して、いつでも帰って住めるようにとリフォームもしました。その後、再度リフォームをしたことで都合約500万円かかったそうです。

それでも最終的に管理がしきれなくなり、松本さんが「実家じまい」を決めたのは、お母さんが亡くなって10年たった2017年のことでした。

もっとも、売却のために不動産会社に査定してもらうと、土地代がわずか200万円で築年数の古い家屋はゼロ査定。幸いなことに、600万円で家と土地を引き取ってくれる70代のご夫婦が現れたことで、なんとかリフォーム代だけは回収できました。

それでも、その後の家財の処分費用を合わせて、結局25年間で計1800万円がかかってしまったのです。

松本さんのケースは決して例外的なものではありません。費用の多い少ないはありますが、実家をそのまま維持することで、予想外の費用がかかったという話はよく耳にします。2年、3年ならまだいいのですが、そのままずるずると5年、10年と過ぎていくと、費用はどんどんかさんでいってしまいます。

「負動産」化する親の家

松本さんの例を見るまでもなく、「住まない実家」は費用と手間というコストがかかります。

「費用」は、固定資産税の支払いはもちろん、火災保険も解約するわけにはいきません。また、人が住まない家はすぐに荒れてしまいます。きれいに保とうとするならば、ときどき訪れては窓を開けて換気したり、雑草をとったりしなければなりませんが、実家が遠距離にあると交通費もばかになりません。例えば、東京に住んでいて地方に実家があるという人は、新幹線や飛行機代がかかりますし、マイカーで往復するにも大変でしょうし、近くに公共交通機関がなければ、レンタカーを借りる費用もかかります。

時間もかかります。国土交通省が、空き家を所有している3912人を対象にして行った調査によれば、空き家から自宅まで車や鉄道で1時間超かかると答えた人が全体の28・2%。うち3時間超の人も12・5%いました（国土交通省「令和元年空き家所有者実態調査」より）。

また、空き家だからといって、電気や水道をすぐに切るわけにもいきません。実家に帰れば、トイレを使いますし、冷暖房も必要です。

「手間」としては、役所や銀行との相談や届け出、税理士や司法書士などとの相談や打ち合わせがあります。こうした相談や打ち合わせは平日に行われることが多いので、勤め人の方はわざわざ有給休暇を取って対応しなくてはなりません。そのほかに、家族との話し合いの時間も持つ必要があります。

掃除や雑草の駆除などの家や庭の管理は、誰かに頼んだり空き家管理サービスに任せれば手間は省けますが、当然費用がかかります。

それでも、空き家は管理が行き届かなくなり、やがて周辺から苦情が持ち込まれるようになります。そうなると最終的には解体せざるを得ませんが、それには解体のための費用がかかります。古い家で壁などにアスベストを使っているものになると、そのコストは大きな負担となります。

解体前には、粗大ゴミや大型家電を捨てる際に費用がかかり、予約の必要もあります。一般的なゴミでも、分別をして決められた曜日の朝に出さなくてはなりません。軽トラックを借りてゴミの集積場まで運ぶという手もありますが、地域によっては集積場に運ぶことが認められていないところもあります。

片づけが進んで布団もなくなると、ホテルに泊まるための宿泊費もかかります。冷蔵庫も電子レンジもなくなると、外食しなくてはなりませんが、地域によってはそうした店が近くにあるとは限りません。

以上のように考えていくと、「住まない実家」はもはや資産というよりも不良資産であり、「負動産」という呼び方がまさに適当といってよいでしょう。

「実家じまい」は時間を置くことに意味がある

空き家になった実家は、残念ながら「金食い虫」でしかありません。しかし、だからといって誰も住まなくなった実家をすぐに売ることができるでしょうか。

おそらく、ほとんどの人は「できない」と答えるでしょう。それが当然の心情だと思います。実家というのは、自分が生まれた家であり、親と一緒に長年過ごした思い出が染みついた家だからです。それを、誰も住む人がいなくなったからといって、すぐに売るという割り切りはできないのが普通の人の考え方です。

雑誌の相続特集や不動産コンサルタントが著した単行本などでは、「住まない実家はすぐに売ったほうがいい」とよく書かれています。

確かに、税制上は早めに売ったほうがいい場合が多いのです。前項で挙げたように、そのまま持ち続けていると固定資産税や維持費がかかりますが、売ってしまえばお金は入りますし面倒もありません。

しかし、実際には少なくとも1年はそのままにしているケースが大多数です。もちろん、遺産分割によってきょうだいにお金を払うために土地を売らなくてはならないなど、緊急にお金が必要なために、すぐに売る人もいますが、そうした事例は多くありません。

相続のスケジュールを考えても、なかなか売る決心がつかないことは、よくわかります。何よりも相続税の申告期限が、亡くなってから10カ月以内です。そこまでは長いように見えて、あっという間です。多くの場合、10カ月ギリギリまでかかりますから、それまでに売る例はあまりありません。

そして、当然ながら、名義変更は相続人の間の遺産分割協議が終わってからでなくてはなりません。となると、少なくとも土地や建物の名義が変わるのは、早くて1年近く後になるわけです。結果的に、少なくとも一周忌までは売る余裕もないというのが実情なのです。

一般的に、気持ちの整理がついて、「売る」というステップまでいくには、空き家になってから2、3年はかかります。

小さい頃「大きいなぁ」と見上げていた梅の木が案外大きくないと気づいた庭、母が描いてくれた自分の肖像画が飾られている居間——どれをとってもすぐ売る気にならない気持ちはよくわかります。

もっと言うと、近隣から苦情を言われて、どうしても維持できなくなって、やっとあきらめがつくというケースが多いのです。

「住まない実家」をしまう際の4つの選択肢

空き家となった実家の維持管理を経験した方は、思っていた以上の費用と手間がかかったと口を揃えます。それでは、「住まない実家」を相続した場合、どうやって「実家じまい」をするのがよいのでしょうか。

「実家じまい」を考えるタイミングは2回あります。1回は親が介護施設や病院に入ったとき、もう1回は親が亡くなったときです。

ほとんどの場合は、亡くなったとき、つまり相続が発生してからです。それはそうでしょう。親が病院に入ったからといって、実家をすぐに処分してしまおうとは考えません。よほどお金に困っていて、親も納得していれば別ですが、なかなかそうはいきません。

一般的に、「実家じまい」の方法として、相続人には次の4つの選択肢があります。

①当面は判断保留
②実家を売却する
③人に貸し出す
④そのまま遺して母の記念館にする

それぞれのメリットとデメリットを検討していきましょう。

①当面は判断保留

〈メリット〉あわてて動かなくていいので、じっくりと時間をかけて考えることができる。
〈デメリット〉空き家の管理に費用や手間がかかる。

実家に誰も住む予定がなかったり、相続人の間で意見が分かれて活用するか売却するかを決められない場合、しばらく判断を保留するしかありません。ただし、定期的に訪れて家の中に風を通したり、庭木などの世話をしたりすることが必要です。有料の空き家管理サービスを利用する方法もあります。いずれにしても、管理のための費用や時間があるかどうか、確認する必要があります。

時間の経過とともに管理が行き届かなくなって近隣から苦情が来るようになると、次の決断を迫られます。

②実家を売却する

〈メリット〉決断さえしてしまえば、すっきりと割り切れる。
〈デメリット〉遺品の整理や片づけが大変。人によっては親の思いを遺せないことを悔やむ。

母の相続
（二次相続）が
発生

①誰が実家を相続するか?

②実家をどのように活用するか?

この2つを検討する

売却すると決めたら、不動産売買を行う会社に連絡し、売却価格などを相談して必要な手続きを進めます。媒介契約は一社専任とするケースと、複数社に依頼できる一般媒介のケースがあります。売却にかかる手数料や税金の試算もしてもらうといいでしょう。

相続税が支払えない場合は、実家を売却するほか、相続税を物納するという手もあります。しかし、最近では物納の条件が厳しくなってなかなか認められません。いずれにしても、その場合は専門家に相談するのがよいでしょう。

③人に貸し出す

「住まない実家」をしまう際の選択肢

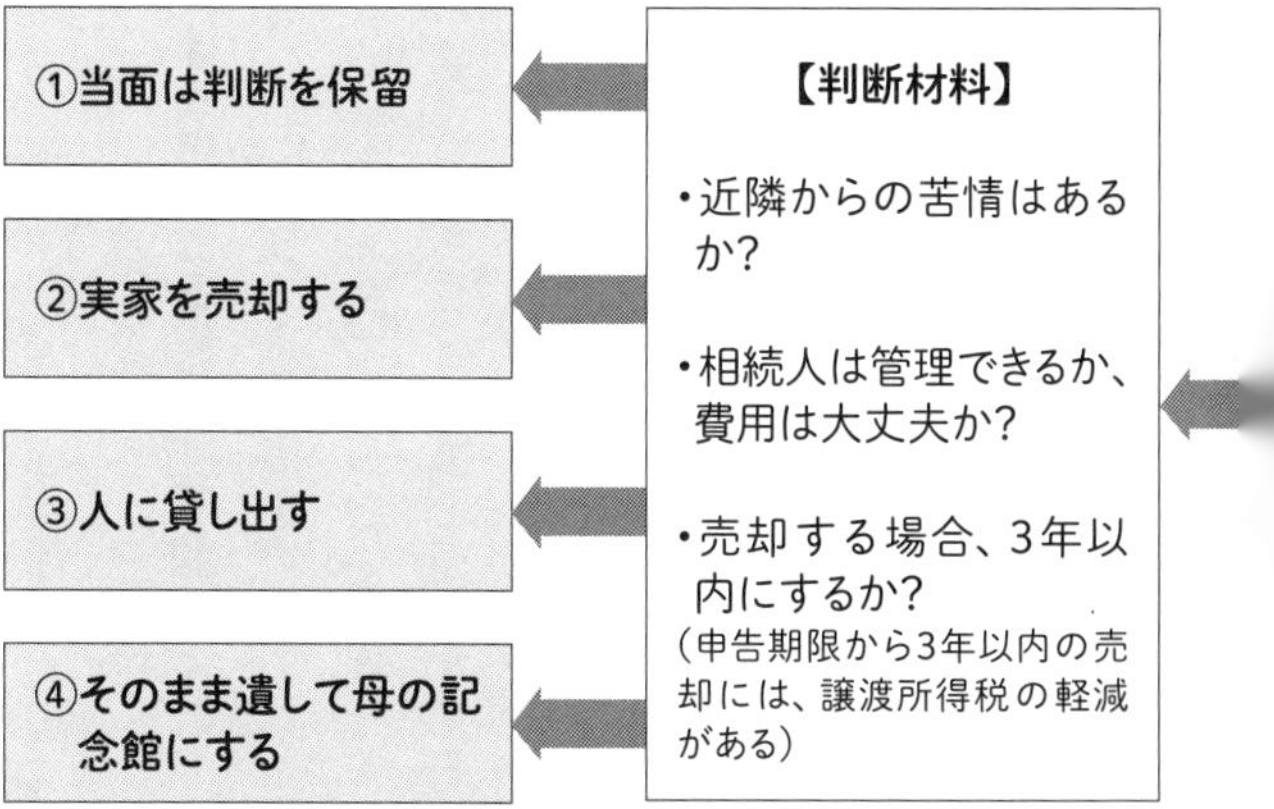
①当面は判断を保留
②実家を売却する
③人に貸し出す
④そのまま遺して母の記念館にする
【判断材料】
・近隣からの苦情はあるか?
・相続人は管理できるか、費用は大丈夫か?
・売却する場合、3年以内にするか?
(申告期限から3年以内の売却には、譲渡所得税の軽減がある)

〈メリット〉借りる人が見つかれば、定期的に賃貸料が入る。

〈デメリット〉修繕やリフォームなどの費用が先に必要となる。借り手がつくかどうかわからない。

空き家を賃貸に出そうとするならば、最低でも内装や設備の取り換えやリフォームが必要となります。入居者の募集は賃貸仲介会社に、家賃の徴収や管理は賃貸管理会社に委託するのが一般的です。

ただし、実家が空き家となった家の場合、築年数が古いので、リフォームをしても条件のいい立地でないと借り手がつきにくいのは事実です。一般社団法人移住・住みかえ支援機構（ＪＴＩ）のマイホーム借上げ制度を利用する方法もあります。

④そのまま遺して母の記念館にする

〈メリット〉家族の思い出を遺すことができる。
〈デメリット〉お金にならない。維持管理に費用や手間がかかる。

お金に余裕があれば、家を売らずにそのまま維持するか改装して、被相続人（多くの場合お母さん）の「記念館」にするというのも1つの方法です。

お母さんが生きていたときと同じ状態で維持して、貴重な遺品や趣味で集めた収集品、家族の歴史を彩る写真、あるいはお母さんが好きだった絵手紙や、裁縫の作品、草木染めの作品などを飾るわけです。家族の歴史をたどる「よすが」にもなります。自分の子どもへの情操教育の場としても貴重です。

実家や部屋の一部を地元のＮＰＯ法人やボランティア団体の集会室に提供する手もありますが、管理を誰かに委託することが必要です。

お金に余裕のある人だけでなく、家の買い手や借り手がつきそうにない地方の人にとっても、いい方法かもしれません。もともとの地価が安いので、固定資産税も大したことはありません。

考えておきたい実家じまいの「出口」

いくら管理しているつもりでも、住まない家は徐々に荒れていきます。

2年も経ってくると、近所から苦情が寄せられるようになります。庭木が伸びて隣家や道路にはみ出している、台風で屋根瓦が落ちそう、虫が大量に発生した、変な人が塀の中に入っていたなど。たまには実家に通って手入れをしているつもりでも、こうした話が出てきて、維持するのが億劫《おっくう》になってきます。

賃貸に出しているにしても、築年数の古い家は管理にお金がかかります。あちこちにガタが来て、修繕費ばかりがかさんでしまいます。

先ほどは、「実家じまい」の選択肢を4つ紹介しました。しかし、身も蓋もない言い方ですが、最終的にはどこかで割り切って売却するという決断も必要です。チャートの行き先は4つありましたが、どれを選んでも、最終的には「売却」に行き着くことになるかもしれません。

相続の前後は、親の介護、亡くなった悲しみ、葬儀などの届け出、相続の手続きなどが連続して、体力的にも精神的にも疲れきっています。「実家じまい」などを考えている余裕はないでしょうが、「最終的には売却という出口に向かうのだ」ということを頭に入れておくことは大事です。

決断を急ぐことは困難でしょうが、「何も考えたくない」といって問題解決を先送りしてしまうと、家は汚くなって費用や手間が余計にかかってしまいます。

とはいえ、相続してすぐに親の家や先祖代々の土地を売るという決断は難しいことと察します。では、どうすればよいでしょうか。

税理士としてアドバイスするならば、売却の1つの目安は「3年」です。

なぜなら、相続の開始があった日から3年目の年末までに実家を売った場合、1章で説明したように、いくつかの要件に当てはまれば、譲渡金額にかかる税金（譲渡所得税）が安くなる「空き家譲渡特例」が使えるからです。

この3年間プラスアルファの期間は、売却までの猶予期間ですが、あえて「ゴールデン期間」と呼んでもいいかもしれません。この期間が勝負です。せっかく税制上の優遇措置があるのですから、これを活用して勝負することをおすすめします。

3年後の年末までといっても、買い手が見つかるまでに時間はかかりますし、契約にも時間はかかります。それも含めて考えたうえで、早くから売却を頭の片隅に置いておくとよいでしょう。

親の思いは確認できない

とはいえ、売却の決断をためらわせるものがあります。それは、親が生前に遺した言葉です。

この章の冒頭で紹介したタレントの松本明子さんにとっては、お父さんの「実家を頼む」というひと言は、かなりの重荷になったようです。

同じような話はよく耳にします。相続のご相談をうかがっているときにも、亡くなったお母様から「家のことはちゃんとしてね」と言われたという話を聞きます。

確かに、家のことをしっかり管理してほしい、めちゃくちゃにしてほしくないという気持ちは痛いほどわかります。ただ、遺された人にとっては、このひと言が重荷になってしまうのです。

「ちゃんとしてね」と言われると、他人に売ってはいけないのか、貸してはいけないのかと理解するのも無理はないでしょう。住まなくてもきれいに遺せばいいのかと思っても、「住まない実家」を維持管理するのには限界があります。

でも、本当にお母さんはそう考えていたのでしょうか？

お母さんの本心を確かめたくても、すでにこの世にいないのでそれは不可能です。だからといって、お母さんが生きているうちに、「お母さんが亡くなったら、家はどうすればいい？」と確認するのは現実的ではありません。

では、どうすればよいかと言えば、「相続した人が自分で決断する」。これしかありません。

遺された家に住むだけが「ちゃんとする」ことだとは限りません。自宅をリフォームして、誰かに売ったり貸したりすることで、世の中の人のためになるのも、「ちゃんとする」ことだと私たちは考えます。

重荷に思う必要はないのです。自分自身の思い通りにしてみて、「はい、ちゃんとしました」と空に向かって堂々と叫んではいかがでしょうか。

「ちゃんとしてね」というのは、「あなたの決断で、あなたがいいように決めなさいね」という意味で、プラスに捉えればいいと思います。

捨てにくいものを捨てるヒント

実家の売却が決まっても、それで終わりではありません。重要な仕事が残されています。長年にわたって実家のなかに蓄積されたものを片づけなくてはならないのです。

古い家であればあるほど、実家にはものがたくさんあります。日用品はもちろん、家具、寝具、家電製品をはじめ、洋服、和服、食器、書籍から写真のアルバム、記念品、土産物に至るまで、文字通り山のようにものがあると思います。家の売却または取り壊しとなると、その95％以上は捨てることになると考えたほうがいいでしょう。

しかし、いざ捨てようとなると、どれもこれも思い出が詰まっていて捨てるに捨てられないものです。迷っているうちに時間ばかりが過ぎてしまい、ものはいっこうに減らないということになりかねません。

捨てにくいものは、どう処分すればよいのでしょうか。

基本的には、必要最小限のものを除き、写真に撮って捨てることと、私たちはアドバイスしています。これは片づけ本などでもよく紹介されていることですが、私たちも同じように考えていました。

思い出の品というのは捨てにくいものですが、写真に撮って吹っ切りましょう。写真のアルバムも同様に捨てにくいのですが、デジカメで撮って複写すれば場所をとりません。家具も着物も同じで写真に撮って捨てます。洋服、ネクタイ、書籍も全部捨てましょう。カメラがデジタル化されたおかげで、枚数を気にせずパチパチと写真を撮れることになったのは幸いです。

和服、書籍、食器などは、引き取りにきてくれるサービスがあるので、それを利用する手があります。こうしたかさばる品は、ゴミで出すにも膨大な量になるので、家に来て引き取ってもらえるのは好都合です。よほどの骨董品でない限り、ごくごく安い値段しかつきませんが、ゴミ出しや持ち込みの手間を考えればありがたいと考えましょう。

ネットのフリマサービスを使えば、多少は高く売れるかもしれませんが、手間がかかりますし、何より買い主がつくまで待っていては売却に間に合わない恐れがあります。

自動車も買取業者が引き取ってくれますので、あまり値段を気にしないで売るのがいいと思います。

記念切手や記念硬貨を、値上がりを期待して持っていた人も多いでしょうが、正直なところ、バブル崩壊後は大した値段がつきません。記念硬貨ならば、専門店に持ち込んで額面よりも少し高く買い取ってもらえれば御の字です。

親がとっておいたものを捨てることに、負い目を感じる方もいらっしゃるようです。口には出さなくても、内心では「バチが当たるかも」と思っていることがお客様の表情から感じ取れることがあります。

どうしても心配ならば、人形などは神社で供養してもらうことができます。あるいは、次の項で紹介する遺品整理会社に相談するとよいでしょう。

実家を倉庫代わりにしたツケは、自分に返ってくる

「実家じまい」で片づけるのは、親のものだけではありません。実家を出た子どもが、実家を物置代わりにしていることが多いからです。

昔のマンガ本など、子どもたちが置いたままのものが場所を取っているという話もよく聞きます。子どもたちにとって、実家は倉庫のような存在なのかもしれません。それも困ったことに、整理のついていない倉庫です。

しかし、そんなふうに実家を倉庫代わりに使っていたツケは、相続した実家を売却するときに払わなくてはなりません。自分が残したものを自分自身で片づけなくてはならないからです。

自分のものもやはり捨てるのが基本ですが、愛着のある品物が続々と出てくると迷ってしまうことも多いでしょう。

最終的に捨てるに捨てられない品を自宅で引き取るというのも1つの方法ですが、大きなものを地方の実家から都会のマンションに運び込むのはかなり大変です。

では、愛着のあるものをどうやって捨てればよいでしょうか。

そこで助けになるのが、遺品整理会社です。親の遺品はもちろん、子どもの所有物も含めて、残すべきものと捨てるものを分別してくれるサービスです。

遺品整理会社の使い方のパターンは、次のａ、ｂがあります。

ａ　自分で整理して最後に頼む

捨てるものと残すものを自分で仕分けして、できる限り捨ててから遺品整理会社に依頼するというやり方です。もっとも、最初から計画的に進めるケースは少なくて、作業があまりにも大変なことに気づき、整理を途中で断念して専門家である遺品整理会社に頼むというパターンが多いようです。

メリットは自分を納得させられること、品数が減るので費用が割安になることでしょうか。デメリットは、捨てる思い切りがつきにくいこと、時間と手間がかかることです。

b 最初から頼む

捨てるものと残すものをすべて自分で判断しようとすると、精神的にも肉体的にもきつくなってしまいます。そういう人は、最初から遺品整理会社に頼むのがよいでしょう。

遺品整理会社は、遺品を3種類に分類します。

1つ目は、重要書類、通帳、クレジットカードなどです。こうしたものは、依頼人が何も言わずとも当然のことながら重要だと遺品整理会社は理解しています。

2つ目は、依頼人の判断が必要なものです。業者が取り置きをしてくれるので、依頼人はそれを見て捨てるか残すかを選べばいいわけです。

そして3つ目は、捨てるものです。

こうすると、私たちの経験で言うと、荷物が10分の1以下になります。結局、捨てるものが9割以上だということがわかります。

遺品整理会社の費用は、実家の面積や品物の量にもよりますが、5万円から30万円くらいとみておくといいでしょう。この費用は相続財産の預金から払うと考えれば、精神的にもラクです。

実家の規模や時間の猶予によって、a、bどちらのパターンを選択してもよいのですが、もしお客様から相談された場合、私たちはbをおすすめします。

仕事を持っている人が、仕事の傍ら実家の片づけをするのは、ほとんど不可能です。面倒極まりない片づけから解放されることを考えれば、多少の費用は致し方ないと考えるべきでしょう。

「実家じまい」で苦労した人のその後

今の60代~70代の人は、親の「実家じまい」に苦労した方が多いと思います。親の寿命が長くなり、「住まない実家」の問題が顕在化した頃に相続を体験した世代だからです。これまで述べたような遺品整理の悩みも実体験していることでしょう。

そうした人たちも、やがて自分の相続が視野に入ってきます。親の「実家じまい」で苦労した人は、自分の持ち物について、どう考えてどう子どもたちに伝えているのでしょうか。

私（天野隆）の身近な人たちから、2つの典型的な例を紹介しましょう。

①自分で始末する人

「実家じまい」に当たって親のものを捨てるのに苦労したので、子どもに同じ思いをさせないよう、自分のものを引っ越しを機会に思い切って捨てた人がいます。写真のアルバムや学校の卒業文集などは、すべて捨てたといいます。実は、私の小学校の同級生なのですが、「だって、子どもからすれば、いらないものだよね」と言って、にっこり微笑んでいました。

②結局そのまま残す人

「実家じまい」に当たって親のものを捨てるのに苦労したので、子どもに同じ思いをさせないよう、子どもに「思い切って捨てていいよ」と言う人もいます。実際には、こちらのパターンが大半でしょう。なかなか自分では捨てられないものです。でも、「捨てていいよ」と言われても手間も時間もかかるのですから、子どもは困りますよね。

①のようにするのが理想かもしれませんが、なかなか割り切ることはできないものです。私の知人は、たまたま引っ越しをしたので、そのタイミングで捨てることができたのでしょう。

人間ですから、割り切れないのは仕方ありません。私も偉そうなことを言っていますが、アルバムや文集をすべて捨てるまで割り切ることは難しそうです。それでも親の相続を反省材料にして、子どもには迷惑をかけないように、うまく人生をたたんでいくことが必要だと思っています。

「子なし夫婦」や「おひとりさま」はあとを頼む人が必要

逆に、被相続人の立場になって考えてみて、子どもがいない夫婦や独身のいわゆる「おひとりさま」はどうすればよいでしょうか。子どもがいる人ならば、少なくとも「思い切って捨てていいよ」と言えますが、それさえ言える相手がいないので、死後のことが心配になってきます。

それだけではありません。死後にはいろいろな手続きや届け出が必要ですが、それを誰がどうやってくれるのか、不安を抱えている人も多いことでしょう。「立つ鳥、跡を濁さず」というように、できるだけ人に迷惑をかけずに、そして自分自身の面目や尊厳を最低限保つようにしたいものです。

そんな人のために、最近では「死後事務委任契約」というサービスがあります。

これは、死後の事務を第三者に委任するもので、具体的には、葬儀・埋葬の方法、死亡届の提出などの行政手続、公共料金や医療費の精算、賃貸不動産の契約解除、SNSのアカウント削除、個人情報の抹消処理、ペットの環境整備などを行います。

委任する相手は誰でもよく、とくに資格はありませんが、司法書士、弁護士、信託銀行、NPO法人などが参入しています。いずれにしても、契約の内容や料金などをしっかりと定めておく必要があります。

column

「実家は本家が相続するもの」ではなくなる日

かつての日本では本家・分家の意識が強く、実家は本家が相続するものと決まっていました。本家のもとに、不動産や先祖から受け継がれてきた品々を残すのが当然と考えられていたのです。この「本家相続」は、戦前の旧民法にも規定されています。

一方、戦後の民法では、きょうだいが平等に相続する「均分相続」が定められています。ところが、法律では均分相続となっていても、意識のなかでは本家相続が根強く残っているところに問題があるのです。

地方はもちろんのこと、東京でも郊外の地主さんには本家相続の考え方が根強く残っています。本家は長男が継いで続いていくのが当然のことであり、次男や長女、次女は分家として出ていくものだと無意識のうちに考えているのです。

例えば、3人きょうだいの場合、本家がほとんどを相続して分家は相続放棄に近いという状態もありますし、本家が7割ほどを取って残りを分家が分けるというケースもあります。

実際に、税理士法人レガシィがお手伝いした相続では、2019年~2022年の4年平均で本家相続（長男以外の人が本家を継ぐ場合も含む）が全体の62%、均分相続が38%というデータが出ています。

さらに、資産5億円以上の家に限れば、さらに本家相続の比率が増えます。全体の78%、つまり4分の3以上が本家相続となっているのです。

広い土地を持っている地主さんの場合、とくに本家を守る意識は強くなります。均分相続にしようとすると、全員に分けるだけの十分な現金があればよいのですが、そうでないと土地を細かく分割していかなくてはならないからです。

しかし、戦後の1947年に新しい民法が制定されて、そろそろ80年になろうとしています。ほんの少しずつですが、均分相続の割合が増えてきています。個人的な意見ですが、もう30年も経てば「本家」という意識はほとんど消え去っていくものと思います。

3章

相続専門税理士が教える「相続の基本」

モメないために、これだけは知っておきたい

そもそも、誰が相続人になれるのか

ここまで「実家の相続」についてお話ししてきましたが、この章では相続の基本を説明していきます。

「相続」とは、人が亡くなったときに、故人（被相続人と呼びます）が所有していた財産すべてを、配偶者や子どもなどの相続人に引き継ぐことをいいます。

相続人が複数いるときには、相続人全員で遺産分割協議をすることによって、分配する財産の種類や金額を決めます。

血縁関係にあっても、遺産を相続できる人とできない人がいます。遺産を相続できる権利のある人を、「法定相続人」と呼びます。法定相続人には範囲や優先順位が民法で定められており、遺族の家族構成によって、実際に遺産を相続する「相続人」が決まります。

家族構成によって、どのような人が法定相続人になれるのかを見ていきましょう。

・配偶者

配偶者は、常に相続の権利があります。ただし、同居していても、婚姻関係にない人（婚姻届が提出されていない、いわゆる内縁関係）は相続の権利はありません。離婚した相手（前妻や前夫）も、相続の権利はありません。

・子ども

子どもは、常に相続の権利があります。実子であっても養子であっても、婚姻関係にない相手の子ども（故人が男性の場合は、その子を認知していることが必要）であっても、全員に権利があります。

重要な点は、前妻や前夫には相続の権利はありませんが、その子どもにはあるということです。

また、養子も相続人になれるため、相続対策として祖父母が孫を養子にすることもよくあります。そのメリットは、祖父母↓親↓本人という2度の相続で相続税が2回かかるよりも、祖父母↓本人という1回の相続にすることで、相続税が節税できること。また、家名を残すために、姓の違う孫を自分の姓にするという目的もあります。

デメリットは、相続税額が2割加算になることです。ただし、資産家ならば、それでも相続税が2回かかるより節税効果があります。また、養子が加わることで、ほかの相続人の相続額が減ることになります。ですからきちんと配慮しないと、遺産分割のときにモメる可能性が増大します。

●孫

本来の相続人である子どもが先に亡くなっていて、しかもその人に子ども（故人にとっては孫）がいる場合、その孫が相続人になれます。同様に、子も孫も亡くなっている場合、ひ孫が相続人になれます。

●親

故人に、子も孫（ひ孫以下も）もいない場合、故人の親が相続人になれます。

相続人になれる人と、その優先順位

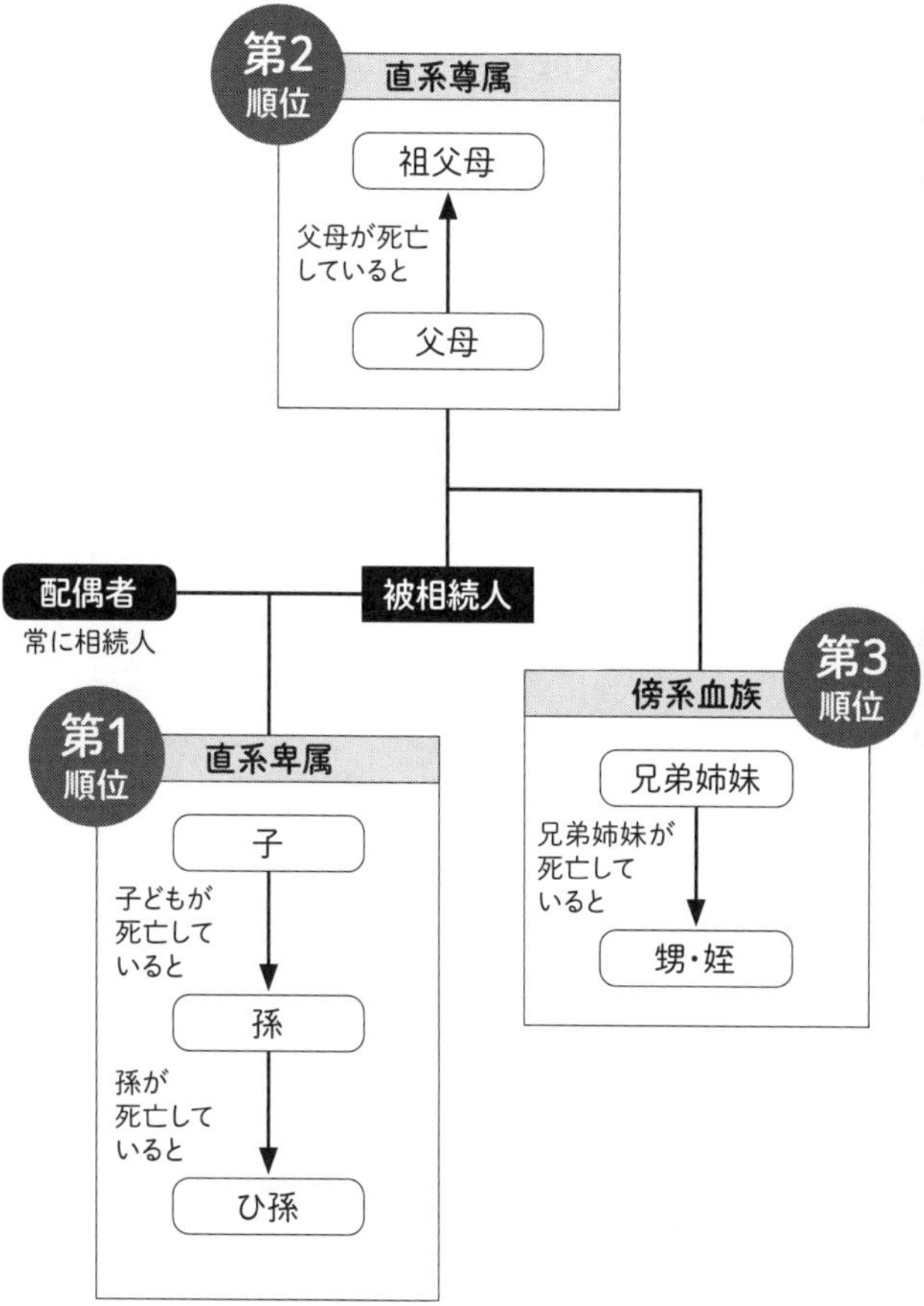

●きょうだい（兄弟姉妹）

故人に、子ども、孫（ひ孫以下）、親もいない場合、故人のきょうだい（亡くなっている場合はその子ども）が相続人になれます。

遺言書を作成しておけば、相続人でない人も遺産を相続することができます。例えば、愛人や認知していない子どもをはじめ、生前世話になった人などの血縁関係にない人でも相続は可能です。

「法定相続分」に従って分ける必要はない

民法では、どの法定相続人にどういう比率で財産を分ければよいかという「法定相続分」が示されています。例えば、配偶者と子どもで相続するときは、配偶者が2分の1、残りの2分の1を子どもが均等に分けるとしています。配偶者がすでに亡く、子どもだけで相続するときは、全体を子どもの人数で均等に分けるとしています。

この法定相続分は、あくまでも「こうして分けるといいですよ」という基準です。ですから、相続人の間で話し合いさえつけば、一次相続で配偶者が100％相続しても構いませんし、二次相続で本家が7割でも8割でも相続して構いません。また、あとで述べるように、法的に有効な遺言書があれば、法定相続分に関係なく、遺言書の内容に基づいて遺産を分割することになります。

世間一般では、「法定」という言葉が独り歩きして、そう分けるべきであると誤解している人が多いようですが、法定相続分というのは、正確に言うと、相続人の間で行われる遺産分割協議がまとまらなかったときに、裁判所が仕方なしに「最終的にこうするしかない」と決める目安なのです。ルールではなくて例外的な対応といったらよいかもしれません。実際の相続では、財産が法定相続分通りに分けられることはほとんどありません。

お金、不動産だけではない相続財産

では、相続財産はどうやって値段をつけるのでしょうか。

預貯金ならば金額が明確ですが、不動産や株式になると、その時点での国や地域の経済情勢、売り主・買い主の都合などによって、売買価格はいくらでも変動します。

とはいえ、何かを基準にして決めないと、遺産の評価は不公正なものになってしまいます。そこで、資産の種類によって、それぞれ一定の基準が定められています。

●土地

実際に取引されている売買価格（時価）ではなく、通常は評価額で計算します。評価額は、市街地にある宅地の場合、各国税局が公開している路線価をもとに計算します。路線価というのは、道路ごとに付けた価格であり、道路に面した土地はその価格で評価します。

路線価の数字は、国税庁のホームページで見ることができます。地図上に1㎡当たりの数字が1000円単位で書かれています。つまり、500と書いてあれば、その道路に面した宅地の評価額は、1㎡当たり50万円ということを意味します。

ですから、相続する土地の面積をこの数字に掛ければ、土地の評価額が算出されるわけです。150㎡の土地ならば、評価額は50万円×150㎡＝7500万円となるわけです。

ただし、これはあくまでも計算のベースとなる金額です。土地の形が正方形または長方形で、宅地の一方向だけが道路に面している場合に限られます。2本の道路に面する土地は評価額が高くなり、土地の形がいびつだったり、傾斜していたりすると評価額は低くなります。

●家屋

家屋の評価額は、固定資産税評価額と同じです。

●預貯金、株式

預貯金は残高そのままです。株式は、相続が開始した時点(亡くなった時点)での価格が基本になります。

●貴金属、自動車、家電など

貴金属や耐久消費財なども、すべて相続財産に含まれます。基本的には時価ということになっていますが、わかりにくいものがほとんどなので、購入価格を参考にします。必要に応じて使用期間などを考慮に入れて算定します。

その際、貴金属や高級車などで、数百万円以上するような品目は個別に計上します。しかし、数万円から十数万円くらいの宝石や家電、自転車のようなものは、1つひとつ取り上げていってはきりがありません。そこで、全部まとめて、「家財一式」で50万円あるいは100万円という形で計上するのが一般的です。

●庭木

相続財産にはあらゆるものが含まれます。立派な庭のあるお宅ならば、松や杉といった庭木が何本も植えてあるかもしれません。こうした庭木が、意外に高い評価額になってしまいます。

どれだけ遺産があると相続税がかかるのか

相続財産の総額が一定の金額を超える場合、相続税を払わなくてはなりません。しかし、次の式で求められる基礎控除の範囲内にあれば、相続税を支払う必要はありません。

相続税の基礎控除額＝3000万円＋(600万円×法定相続人の数)

例えば、法定相続人が配偶者と子ども2人の場合、法定相続人は3人になりますから、基礎控除額は3000万円＋（600万円×3）で4800万円になります。

法定相続人が子ども2人なら、3000万円＋（600万円×2）で4200万円になります。

この基礎控除額を超えた相続財産が課税対象となり、そこではじめて相続税の申告が必要になるわけです。例えば、2億円の相続財産があって法定相続人が3人の場合、2億円△4800万円＝1億5200万円が課税対象額になるわけです。

「うちは、そんなに財産を持っていないから大丈夫」と思うかもしれませんが、決してそんなことはありません。大都市圏に住んでいる人ならば、土地付きの一戸建てがあれば、それだけでかなりの評価額となります。

それにプラスして、今の80代で一戸建てをお持ちの人たちは平均して2000万円くらいの預貯金を保有しています。これを合わせれば、資産家でなくても基礎控除額は簡単に超えてしまうのです。

「基礎控除があるから、うちは多分相続税はかからないだろう」と思って何もしないでいると墓穴を掘る場合があります。多少なりとも土地や株式などがあれば、きちんとすべての遺産を整理して、相続税の評価額を算出しておく必要があります。

ある程度の土地を相続した人には、相続が一段落した頃に税務署から「お尋ね」の封書が届きます。これは、相続税がかからない人にも届きますので、ここで心配したり驚いたりする必要はありません。相続税がかからない人は、同封の用紙に遺産を列挙し、相続税評価額を計算して返送すればよいのです。

これを無視してしまうと相続税の申告リミットの10カ月が過ぎたところで、税務署から調査が入る可能性があります。もし、そこで実際は相続税の課税対象であることが発覚すると、次の項で説明するように、無申告加算税や延滞税が課せられてしまいますので注意

どれだけかかる？　相続税早見表

（単位：100万円）

家族構成＼課税価格	配偶者 子1人	配偶者 子2人	配偶者 子3人	配偶者 子4人	子1人	子2人	子3人	子4人
100	4	3	3	2	12	7	6	5
120	6	5	4	4	18	12	9	8
140	8	7	6	5	25	16	12	11
160	11	9	8	7	33	21	16	14
180	14	11	10	9	41	27	20	17
200	17	14	12	11	49	33	25	21
220	20	16	14	14	57	39	31	25
240	23	19	17	16	65	45	37	29
260	27	22	19	18	74	53	43	34
280	31	25	22	21	83	61	49	40
300	35	29	25	24	92	69	55	46
400	55	46	42	39	140	109	90	76
500	76	66	60	55	190	152	130	110
600	99	87	78	74	240	197	170	150
700	123	109	99	93	293	245	212	190
800	148	131	121	113	348	295	257	230
900	173	154	144	134	403	345	302	273
1,000	198	178	166	157	458	395	350	318
1,500	329	303	285	272	733	658	600	555
2,000	466	434	412	395	1,008	933	858	805
3,000	741	704	674	652	1,558	1,483	1,408	1,332

被相続人の遺産を相続人が法定相続分により相続した場合での相続税額を算出。税額控除は配偶者の税額軽減による控除のみを適用。

してください。

不安な方は、早めに税理士に相談するとよいでしょう。

意外と短い相続税の申告リミット

相続税は、相続が開始してから（親が亡くなってから）10カ月以内に申告すると定められています。10カ月というと、長いように感じるかもしれませんが、そんなことはありません。

最初の2カ月は葬儀に加えて、各種の手続きや四十九日の法要など、いろいろなことをしているとあっという間に過ぎてしまいます。実質的には、残り8カ月が勝負と言っても過言ではありません。

相続の最初のステップは、遺言書があるかどうかを確認することです。

遺言書の有無によって、相続の進め方は大きく違ってきます。遺言書がある場合は、基本的には遺言書通りに遺産分割することになります。遺言書で指定された人が指定された財産を相続します。ただし、相続人全員が納得すれば、必ずしも遺言書通りに分配しなくても構いません。

遺言書がないときは、相続人の間で遺産分割協議をする必要があります。遺産をどのようにして分けるのかを、相談して決めるわけです。

その準備で、税理士に財産目録をつくってもらうのが一般的です。私たち税理士の役目は、「相続財産の評価」（故人が遺した財産をすべて調べて明細をつくること）をして、相続税について説明することです。

あとは、相続人の間で話し合うのが基本です。そのうえで、税金に関する質問があれば、税理士が相談に乗り、世の中の事案をご説明していくという進め方をします。

どう相続したらよいかという相談には立ち入りません。それは法律事務になりますから、税理士が調整や交渉をすると弁護士法違反になってしまうためです。

遺産分割協議がまとまれば、「遺産分割協議書」を作成して、相続税額を計算します。そして、「相続税申告書」を作成して税務署に申告。相続税を支払うという手順になります。

相続税申告書の提出期限は、相続税の納付期限と同じく、10カ月以内です。

納税は現金納付が原則ですが、相続税をすぐに支払えない場合には、延納、物納という方法もあります。延納は文字通り、相続税の支払いを延ばしてもらうこと。物納は、現金の代わりに不動産などで支払うことです。しかし、最近は税務署がなかなか物納を認めてくれなくなりました

物納の収納価額は、相続税の評価額となります。ただし、土地の場合は相続税の評価額より高く売れるケースもあるため、土地を物納するよりも誰かに売却したほうがいい場合もあります。そのあたりは、税理士や不動産鑑定士などと相談して、よく検討することをおすすめします。

税理士への相談は相続開始から6カ月以内に

相続税の課税対象であるのに、期限までに相続税の申告をしないと、無申告加算税が課せられます。さらに、相続税を支払わなくてはならないのに、支払いが遅れると延滞税が

相続の手順とその期限

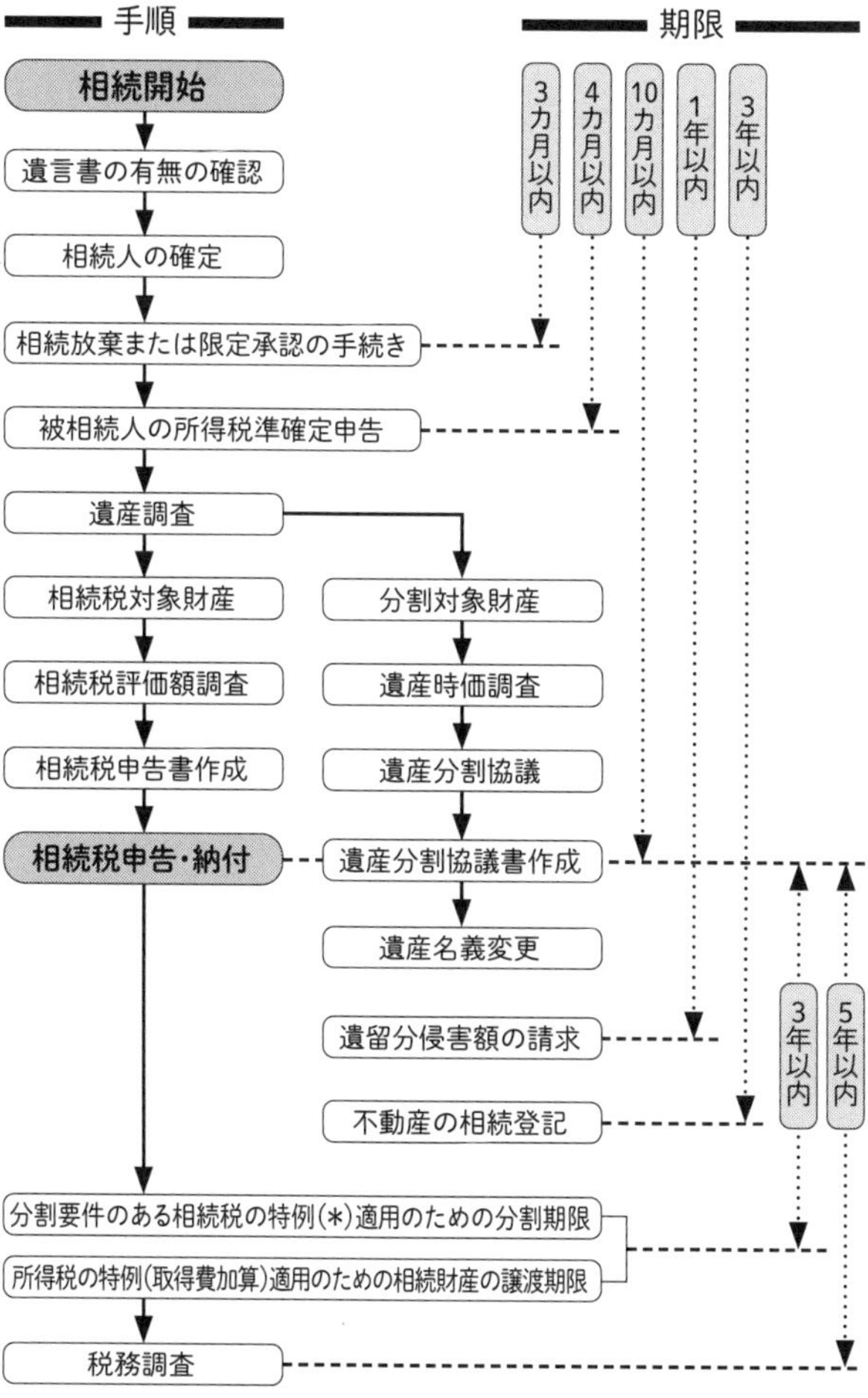

＊配偶者の税額軽減(相続税法第19条の2)及び小規模宅地等の特例(租税特別措置法第69条の4)

課せられてしまいますので注意してください。

大切なのは、相続人が早めに動いて税理士に相談することです。税理士は相続のプロですから、さまざまな事例に接しており、一定の期間があればきちんと問題解決の手法を提示してくれるはずです。しかし、相続人が動かないことには何も進まないのです。

税理士への相談は早ければ早いほうがいいのですが、葬儀直後はそんな余裕はないでしょう。

典型的な例で言うと、最初の2カ月はあっという間に過ぎて、次の4カ月で税理士に依頼して相続財産を確定。そして、残りの4カ月で遺産分割協議をして相続税の申告書をつくるという手順です。

相続人による遺産分割協議は、亡くなってから6カ月目ぐらいまでにスタートするのが理想的です。4カ月あれば、いろいろな話し合いができます。

なかには、1カ月前に相談に見える方もいます。時間が少ないと、相続人の間で突っ込んだ話し合いができないこともあるので、早いに越したことはありません。

かくいう私（天野隆）自身も、父が亡くなったときは、仕事や身の回りのことが忙しかったため、本格的に動き出したのが5、6カ月後でした。どれだけ作業が大変なのか理解している私でも、そうなってしまうのです。早めに動き出すべきだということを、頭に入れておいてください。

「実家の相続問題」は2度目の相続のとき起こる

通常、1つの家族において、相続は2度発生します。すでに述べたように、片方の親が亡くなったときの「一次相続」、遺された親が亡くなったときの「二次相続」です。

一般的に、一次相続では男性（夫）が亡くなるケースが大半です。税理士法人レガシィの統計によると、2019年~2022年の4年平均で見ると、一次相続のご相談では男性が亡くなったケースが62％という数字が残っています。

そして、一次相続から二次相続までの期間は、男性が先に亡くなった場合は16・6年、女性が先に亡くなった場合は11・4年となっています。この5年の差というのが興味深いところです。

この数字から、次のようなことがわかります。

先に亡くなるのは男性がほとんどで、仮に妻に先立たれると残りの人生は11年程度。それに対して、夫を亡くした女性は約16年生きるということです。

夫に先立たれた妻は、約16年間実家に1人暮らしをすることになり、その妻が亡くなると実家が空き家になってしまうわけです。そして、相続税にしても空き家問題にしても、厄介な問題は二次相続で起きるのです。

では、一次相続では問題はないのでしょうか。

結論から言えば、一戸建ての場合にはほとんど心配はいりません。それは、「配偶者の税額軽減」「小規模宅地等の特例」という2つの税額軽減措置があるからです。

●配偶者の税額軽減

配偶者に先立たれた人に対しては、課税価格（相続財産から債務や葬式費用などの控除額を差し引いた金額）が、次のa、bのどちらか多い金額まで、配偶者には相続税がかかりません。

a　1億6000万円

b　法定相続分（通常は2分の1）相当額

大ざっぱに言えば、受け取る遺産が1億6000万円と総財産の半分のいずれか大きい金額以下ならば、相続税はかからないということです。ですから、一次相続では遺産のすべてあるいは大半を配偶者が相続するケースが多いのです。

・小規模宅地等の特例

相続した家に住み続ける人に対しての優遇措置です。同居親族または同一生計親族は、「小規模宅地等の特例」という制度が適用されるために、自宅の評価額が8割安くなります（限度面積330㎡）。なお、配偶者は同居要件がないため無条件で適用できます。

つまり、相続税の計算をするときに、本来ならば5000万円の不動産であっても、その2割の1000万円で計算してくれるのです。住み慣れた自宅を、相続税支払いのために出て行くことを防ぐ措置です。

一次相続では、こうした制度が使えるので、よほどの資産家でなければ相続税の心配をする必要はありません。

ところが、二次相続になるとそうはいきません。子どもが親の遺産を相続するのですから、配偶者の税額軽減は当然受けられませんし、同居していないと小規模宅地等の特例も利用できません。そのために、多額の相続税がかかってくることになるわけです。

「実家」は奪い合いから押し付け合いに

二次相続では、遺産は相続人である子どもたちが分割協議をして決めなくてはなりません。そこで、従来よく耳にしたのがきょうだいの遺産争いです。

バブル期は不動産価格が右肩上がりでしたから、「土地とお金どっちがいい？」と言われれば、誰もが「土地」と答えていました。土地を巡って骨肉の争いが繰り広げられることもありました。しかし、バブルが崩壊して土地神話が崩れ去ると、所有する土地の価格は、時間が経っても上がらないどころか、下がることも珍しくなくなったのです。しかも、土地や家屋は、何度も述べているように固定資産税や維持のコストがかかります。加えて、昨今は空き家に対する国の政策も厳しくなっています。

そういう時代になると、「お金がいい？　土地がいい？」と問われれば、「お金」と答える人が多くなるのは当然です。住まない実家が「負動産」と化してしまった現在、実家は奪い合いから、押し付け合う時代になってしまったわけです。

相続で現金をもらっておけば、当然のことながら維持費はかかりません。もちろんお金を使うときに手続きや費用は不要です。

ところが、相続で不動産をもらうと、元本保証がありません。相続した時点より価値が下がるケースもあります。また、売買するときには仲介手数料がかかりますし、相続登記（名義変更）するときにもお金がかかります。今の時代、不動産を相続するよりも、お金を相続するほうがはるかにメリットは大きいのです。

分けられない「親の家」がモメる火種になりやすい

相続財産のうちで不動産の比率が高いと、遺産分割協議でモメる可能性が高まります。

なぜなら、不動産は分けにくく、換金しにくいからです

例えば、首都圏における典型的な例として、亡くなった母親から、6000万円相当の不動産と2000万円の預貯金を、2人の息子が相続したとしましょう。

兄が不動産を相続して、弟が預貯金を相続すると、計算上、兄のほうが4000万円多く受け取ることになります。これでは弟は不満ですから、相続額を均等にするために2000万円を現金でほしいというかもしれません。

ところが、兄は不動産を相続したからといって、手元に現金があるとは限りません。弟に2000万円を支払うには、不動産を売却するほかありません。しかし、すぐに売れるとは限りませんし、急いで売ろうとしたら買い叩かれる可能性もあります。

「それなら、預貯金を半分に分けて、不動産はきょうだいで共有すればいいじゃないか」と思われるかもしれません。しかし、不動産を共有することほど厄介なものはありません。

共有という言葉は、「共に有する」と書きますが、私たち税理士は〝キョウユウ〟はむしろ「競誘」という字のほうが適当じゃないかと思っています。つまり、「競い」を「誘う」という意味です。

きょうだい2人で不動産を共有した場合、家屋を修繕するにしても建て替えるにしても、お互いの意見が合わないと何もできません。

ましてや売却となると、まず意見は一致しません。売る時期や金額で必ず争います。「現金がほしいから今すぐ売りたい」という人もいれば、「急ぐと買い叩かれるから、もう少し待とう」という人もいます。また、リフォームして売ったほうがいいのか、そのまま売ったほうがいいのかという意見の違いもあります。

いずれにしても意見が合わないのが人間なのです。私がこれまで見てきた限りでは、他人よりもむしろ、身近な存在であるきょうだいのほうが、なかなか意見が合いません。どうやら、「赤の他人が何をやろうと構わないが、身近な人間が自分勝手なことをやると腹が立つ」という意識が働くようなのです。

土地を分割（分筆）するという手もありますが、広い土地ならばともかく、分割して狭くなると使い勝手が悪くなり、土地評価額が下がる恐れがあります。また、測量や登記に時間と費用がかかってしまいます。

分けにくいという性質が、不動産相続の最大の問題点といってよいでしょう。

しかも、その分けにくい不動産が、平均して相続財産全体の約4割を占めているというのです。奪い合うにせよ押し付け合うにせよ、遺産の大半が不動産であるケースでは、どうしても相続でモメやすくなってしまうのです。

遺言書には3種類ある

遺言書は、亡くなった人の意思を示した文書です。資産の持ち主であった人が、自分の資産をどう分けるかを書き遺しているのですから、遺産分割協議は、この内容をもとにして進められます。

もっとも、それほど効力のあるものですから、偽造されては大変です。そのために、単に紙に書いて遺しただけでは、遺言の効力はありません。正式な手順で作成され、きちんと保存されたものでなくてはならないのです。

遺言書の内容は何度でも書き換えることができます。遺言書は、日付の新しいものが有効になります。ですから、正しい日付を書くことは大切です。相続の段になって、日付の異なる複数の遺言書が出てきて、トラブルになるという話はよく聞きます。内容を書き換えた場合は、古い遺言書は確実に破棄するようにしてください。

効力のある遺言書には、おもに「自筆証書遺言」「公正証書遺言」「秘密証書遺言」の3種類があります。それぞれの特徴とメリット、デメリットを説明しましょう。

●自筆証書遺言

本人が自筆で全文・日付・氏名を書いて押印した遺言書です。財産目録はパソコンやスマホなどのデジタル機器での作成・添付が認められていますが、本文は自筆で書かなければいけません。ただし近年では、本文もデジタル機器での作成が認められる方向で議論が進んでいます。

自筆証書遺言のメリットは、手軽に作成できることです。遺言書の内容や遺言書自体の存在も秘密にできます。デメリットとしては、記載に不備があって遺言書が無効になる恐れがあるということ。また、見つかりにくいところに保管しておくと、発見されずに終わってしまう可能性もあります。

また、自筆証書遺言を死亡後に開封するには、家庭裁判所の「検認」が必要です。これは、遺言書が存在していたことを相続人全員に知らせるとともに、遺言書の内容を確認して、それ以降の偽造や変造を防止する手続きです。そして、最も心配なのが、他人による偽造・変造です。その恐れがあるために、遺言書が本物なのかどうか、裁判で争われることがあります。

こうしたデメリットを解消すべく2020年7月からスタートしたのが、法務局による「自筆証書遺言保管制度」です。保管対象となるのは、法務省令で定める様式に従って作成された自筆証書遺言書です。

また遺言者の死亡後に、相続人は遺言書が保管されているか調べたり、遺言書の写しの交付を請求したり、法務局で遺言書を閲覧することもできるようになっています(遺言書の保管の申請や遺言書の閲覧請求には手数料がかかります)。

●公正証書遺言

公証役場に出向いて、公証人のほかに2人以上の証人が立ち会って作成する遺言書です。

最も安全で確実な遺言書であるとされています。

作成の手順は、まず遺言の内容を本人が公証人に伝え、公証人がその内容を筆記します。その内容を本人と証人が承認し、それぞれ署名・押印します。原則として、原本が遺言者の死亡後50年、証書作成後140年または遺言者の生後170年間公証役場に保管され、本人には正本と謄本が渡されます。

メリットは、記載に不備のない遺言書が作成できること。そして、滅失《めっしつ》、隠匿《いんとく》、偽造・変造の恐れがないことです。家庭裁判所の検認の手続きは必要ありません。

デメリットは、内容を公証人や証人に言わなくてはならないことです。証人選びも難しい判断です。信頼できる知人のほか、弁護士や税理士などに依頼することもよくあります。公正証書遺言は、作成のための費用もかかり、財産額が多くなるほど公証人の手数料が高くなります。

・秘密証書遺言

自筆証書遺言の手軽さと公正証書遺言の安全・確実性を、ある程度併せ持つ遺言書です。

遺言書の本文は自筆である必要はありません。パソコンやスマホなどのデジタル機器による文書でも代筆でもかまいません。自筆で署名して押印した上で、封印した遺言書を公証役場に持参します。そして、2人以上の証人の立ち会いのもとで、その遺言書の存在のみを証明してもらいます。

秘密証書遺言のメリットは、内容を秘密にしておけるという点です。滅失、隠匿、偽造・変造の恐れもありません。また、公正証書遺言が公証人に記述してもらうのに対して、秘密証書遺言は自分で書くために、文章の内容の自由度が高く、気軽に取り掛かれるのもメリットです。

デメリットは、自筆証書遺言と同じく、執行時には家庭裁判所の検認の手続きが必要になることです。

この3種類の遺言書のうち、世間一般では、公正証書遺言が最も安全で扱いやすいといわれています。ただし、作成にストレスも多いので、相続専門の税理士や弁護士が扱う秘密証書遺言もおすすめです。

現在政府では、「デジタル遺言制度」の創設が検討されています。デジタル遺言とは、法的効力を持った遺言書をインターネット上で作成し、保管できる遺言書です。今後の政府の動向にも注目です。

遺言書を遺す人は1割に過ぎない

相続をスムーズに進めるために欠かすことのできない遺言書ですが、実際に書いている人はごく少数です。税理士法人レガシィの統計によると、2019年~2022年の平均で、遺言書を作成していた人は11%に過ぎません。資産家といわれる遺産5億円以上の方に限っても17%です。徐々に遺言書を書く人は増える傾向にありますが、それでも遺言書のないのが普通と考えたほうがいいでしょう。

遺言書が遺されていない場合、きょうだいで遺産を平等に1つの基準として分ける「均分相続」が民法で定められています。そのとき、全員が均分相続で納得している場合もあれば、本家相続が当然だと思っている人がいる場合もあります。例えば、「お母さんは、オレが土地を全部相続するように言っていた」と主張する長男がいる場合です。

でも、遺言書がなければ、それを証明する手だてはありません。ほかのきょうだいは、「そんな話は聞いたことがない」「いいかげんなことを言うな」と応酬して、売り言葉に買い言葉で遺産分割協議は紛糾します。

そこでもし、お母さんが遺言書を書いていて、長男に多く遺産を相続する理由を記していれば、ほかのきょうだいも渋々ながら納得するかもしれません。ただでさえ本家相続はモメやすいのですが、遺言書がなければ、さらにモメる原因となってしまうのです。

遺言書があっても、それぞれの相続人には、最低限受け取れる財産があります。これを「遺留分《いりゅうぶん》」と呼びます。

例えば、亡くなった親に9000万円の遺産があり、3人の子どもがいるケースを例にとりましょう。遺言書がなければ、均分相続で3000万円ずつ分けるのが基本です。

ところが、遺言書が遺されていて、そこには「遺産すべてを長男が相続する」と書いてあったとします。これでは、あとの2人は気の毒です。そこで、最低限の分け前として、遺留分をもらう権利はあるのです。

遺留分は特別の場合を除いて、法定相続分の半分と覚えておくとよいでしょう。この場合、法定相続分は3000万円ですから、その半分の1500万円をもらう権利があるわけです。

もし、長男が遺留分の支払いを拒否するならば、長男に対して「遺留分侵害額請求」をして、遺留分を確保する方法があります。遺留分侵害額請求ができるのは、被相続人（この場合は親）が亡くなったという事実と遺言書の内容の両方を知ったときから1年以内です。それを過ぎると、請求できなくなるので注意してください。

もちろん、遺留分はあくまでも権利です。ですから、遺産がいらないというのならば、もらわないという選択もあります。

一番損をする相続は「モメる相続」

ところで、遺産分割協議では、単にお金の分配だけでなく、「相続した家を売る判断は任せる」「お墓を守る」といった条件について話し合っておくことも大切です。

基本的には、相続した家を売るかどうかは、相続した人が自由に決めたほうがいいと私たちは考えています。とくに「住まない実家」を相続したら、維持にコストがかかる〝金食い虫〟になってしまいます。押し付け合いに負けて、わざわざ相続してくれた人ならば、なお「5年間は売るな」などという条件までつけて縛るのはよくないと思います。

こうして、細部まで詰めてようやく遺産分割協議が終わります。

重要なのは、モメてばかりいて合意に至らないと、損をするのは相続人だということです。今は「相続預金の払戻し制度」により、1つの金融機関で、「相続開始時の預金額×3分の1×払戻しを行う相続人の法廷相続分」と150万円の、いずれか少ない金額まで払戻しを受けられるようになりましたが、それ以上の金額は引き出せませんし、土地建物の修繕や建て替えもできません。名義の変更が行われていないのですから当然です。

ただし、二次相続でひとりっ子の場合は、この限りではありません。亡くなった親の預金でも、すぐに引き出すことができます。相続人が1人ならば、財産を分割する必要がないからです。親の財産をすべて1人で相続するのですから、モメることはありません。

ただその場合でも、故人の預金を下ろそうとするとき、銀行側がスムーズに応じてくれるとは限りません。もし、公になっていない故人の子どもなど、ほかの相続人がいたら大変だからです。ほかに相続人がいないことを証明するために、故人の戸籍謄本などの提出を求められます。

いずれにしても、相続人が1人だけなら、これほど平和なことはありません。遺産分割協議でのさまざまなトラブルを見てきた私たちからすると、子どもの頃は、ひとりっ子で寂しい思いもしたかもしれませんが、そのマイナスをすべて補ってあまりあるほどの平和な世界と言っても過言ではありません。

「同居」「二世帯住宅」で使える特例がある

親と同居していた人は、相続税が安くなります。つまり、親が亡くなっても実家に住み続ける子どもを優遇する制度があるのです。

これは、すでに説明した「小規模宅地等の特例」です。先ほどは、一次相続でお亡くなりになられた方の配偶者や同居親族等が家を相続するときに、小規模宅地等の特例で評価額が8割安くなると説明しました。これが、二次相続でも利用できるのです。つまり、親と同居していた子どもは、その家に住み続ける限り、相続時に小規模宅地等の特例によって、不動産の評価額が8割安くなるわけです。さもないと、高い相続税が払えなくなり、それまで住んでいた実家を売却しなければならない恐れがあるからです。

この制度は、それまで別居していた人も利用することが可能です。細かな要件を言うと、配偶者及び同居相続人がおらず、相続開始前から過去3年間、本人、配偶者、その他一定の者（本人の三親等の親族、その本人と特別の関係にある法人）が所有する不動産に住んでいなくて、かつ、相続開始時にその本人が住んでいる不動産を、過去に所有したことがない相続人（持ち家を持っていない人）が、実家を相続し、相続税の申告期限までに売却しなければいいのです。

ですから、賃貸住まいの子どもがいれば、持ち家が手に入れられるうえに相続税を安くできるという、非常に有利な制度であると言えます。

雑誌やネットの記事に、この制度のメリットが掲載されているのを見たことがありますが、実際にはこの制度を使う人はあまりいません。現場で相続に接する私たちは、あまり見る機会がないのです。

その理由は、これまでに述べた通り、相続の中心となっている50代以上の人には、ほとんど持ち家があるためです。相続のときに、「実家を持ち家にすることができる」と喜ぶ人は少なく、「誰も住まない実家をどうしよう」と悩む人のほうがはるかに多いのです。

なかには、「実家の相続対策として、今住んでいる持ち家を売って賃貸住宅に入っておくと節税になる」というアドバイスをする人がいますが、そんな人は実際にはいません。相続税を安くするためだからといって、せっかくの持ち家をわざわざ売り払って、賃貸住宅に入居する人がいるでしょうか？　たとえ本人がそう思っても、家族は絶対に反対するはずです。

ここで重要なのは、「税が生活より優先することはない」ということです。ゼロとはいいませんが、ほぼないと考えたほうがいいでしょう。

ただし、二世帯住宅をつくることで、生前から親との同居をはじめるという家族は増えています。二世帯住宅の場合、以前は税務署に「同居」とは認められていませんでしたが、2014年1月から、一棟登記されている二世帯住宅も同居とみなされるようになりました。二次相続のときに、二世帯住宅でも小規模宅地等の特例が適用されて、評価額が8割減となります。なお、1階と2階を別々に区分所有登記されているような建物では、引き続き同居と認められていません。

賃貸物件も相続税が安くなる

土地や家屋を他人に貸していると、相続税は安くなります。貸している分に応じて、相続税評価額が安くなるからです。土地と家屋では、土地のほうが大きく評価減になります。それぞれに評価の方法を見ていきましょう。

●土地を貸している場合

土地を他人に貸していると、借りている人に「借地権」が生じます。これは、借りている人が勝手に追い出されないように、借り手の権利を守るためのものです。逆に言えば、貸し手にとっては、自分の土地であっても自由に処分できないことになります。

この「自由度が低い」「扱いにくい」という点を考慮に入れて、他人に貸している土地は、自分で使っている土地に比べて評価額は低く抑えられています。

では、どれだけ低くなるかというと、それは「借地権割合」で定められています。借地権割合が70％であれば評価額は30％に、借地権割合が60％ならば評価額は40％になります。

借地権割合は、国税庁が公開している路線価図に表記されています。路線価図には、道路ごとに路線価が1000円単位の数字（350、500など）で記されているということは、すでに述べた通りです。

その路線価の数字の次に表記されているA～Gのアルファベットが、借地権割合です。割合は、A＝90％、B＝80％、C＝70％、D＝60％、E＝50％、F＝40％、G＝30％となっています。

ですから、100㎡の土地の場合、「350C」ならば3500万円×（30％＝1－70％）＝1050万円、「500D」ならば5000万円×（40％＝1－60％）＝2000万円ということになります。

・家屋を貸している場合

貸家（家屋を貸している）の場合にも、借家人がいるために勝手に処分することはできませんから、やはり評価減となります。

評価額の計算は、土地の場合と似ています。違うのは、「借地権割合」の代わりに「借家権割合」を使うこと。そして、借家権割合は全国一律で30％という点です。3割しか評価減にならないのです。

こうして見ると、土地よりも評価減の割合は少ないことがわかります。ただし、もともとの評価額が土地よりも低いために、それほど大きな問題ではありません。

一戸建てを貸しているケースでは30％減がそのまま適用され、相続税評価額は、その家屋の固定資産税評価額の70％になります。

アパートの場合には、全体のうちで実際に貸している分だけが、評価減の対象となります。家族を住まわせていたり、空室があったりすると、その分はカウントされません。

例えば、全体の80％の部屋が使用されている場合、固定資産税評価額×（1−30％×80％）で計算するわけです。

4章

「実家」はなくなっても「家」は遺る

親子で今日からできる相続対策

親ができる相続対策①――「生前贈与」で相続財産を減らす

親にとって相続対策は気が進むものではありません。また、子どもから積極的にお願いできることでもありません。それでも、もし親から提案され、やってもらえたらありがたい対策があります。

その1つが「生前贈与」です。文字通り、親が生きている間に、子どもに財産の一部を与えることです。

では、生前贈与をすると、なぜ相続対策になるのでしょうか。

それは、贈与をした分が相続財産から外れるためです。贈与すれば、それだけ親の資産は減り、親が亡くなっていざ相続となったときに、減った資産を対象にして相続税がかかるのです。

例えば、もともと親の資産が1億円あり、生前に子ども2人に1000万円ずつの贈与をしたとします。すると、その親が亡くなって相続が行われると、親の資産は8000万円になって相続税が安くなるわけです。

ただし、贈与をすれば贈与税がかかってしまい、その贈与税は相続税よりも税率が高く設定されています。

「じゃあ、わざわざ生前に贈与をして贈与税を払うのでは損ではないか？」

そう思うかもしれません。しかし、贈与税には年間110万円の基礎控除が認められているために、毎年110万円までの贈与をコツコツ続けていれば、税金がからないのです。

この基礎控除を活用して、10年間贈与を続ければ、税金ゼロで最大1100万円の資産を移転することができ、相続税を安くできるわけです。しかも、贈与する子どもが2人いれば、それぞれに110万円ずつの控除枠がありますから、10年間で2200万円の資産が移転できます。

贈与税に関しては通常、1月1日から12月31日までの年単位で区切って課税される「暦年課税」という方法がとられています。そのため、この基礎控除を利用して贈与する方法は、一般に「暦年贈与」と呼ばれます。「暦年贈与」は、親ができる相続対策として最も効果的なものといえるでしょう。

もし、年間の贈与額が1人110万円を超えると、超えた分だけに贈与税が課せられます。例えば、500万円を親から贈与されたら、500万円から110万円を引いた390万円が課税の対象になるわけです。

贈与額が年間110万円を超えたとしても、相続資産の総額との兼ね合いによって、贈与税を払っても相続税より得になるケースもあります。どういうケースで得になるのかは、一概には言えないので、相続専門の税理士に相談するとよいでしょう。

65年ぶりに変わった！「生前贈与」のルール

2024年1月1日から、この生前贈与のルールが65年ぶりに変更になりました。

確かに、生前贈与をうまく活用すれば、相続税をかなり節税することができます。しかし、亡くなる直前に贈与して、相続税逃れをされては税務署はたまりません。そこで、亡くなる直前の一定期間の贈与については、さかのぼって相続財産に加算して、相続税の課税対象にするという制度があります。この制度は、相続財産に戻して合算することから「持ち戻し」とも呼ばれています。

従来はこの「持ち戻し」の期間が3年と定められていましたが、2024年1月1日からの贈与については7年に延長されたのです。

つまり、贈与税のかからない年間110万円以内の暦年贈与を行った場合でも、亡くなる7年前までの贈与については、さかのぼって相続財産に加算しなくてはなりません。ですから、暦年贈与をはじめたのが亡くなる直前の場合は、相続税の節税効果はなくなってしまいます。

3年から7年への「持ち戻し」期間の延長は、小さいように見えますが、この4年の差がケースによっては大きな影響を与えます。

例えば、亡くなる10年前から毎年110万円ずつ暦年贈与をしたとしましょう。これまでは、直前の3年分に当たる330万円だけが相続財産に加算されたのに対して、改正後は、3年以内の330万円と、4年前から7年以内の440万円から100万円を控除した340万円を合算した金額＝合計670万円が加算されてしまいます。言い換えれば、暦年贈与を続けている途中で亡くなると、暦年贈与のメリットが大幅に減ってしまうのです。

ですから、暦年贈与をしようと思うのなら、早めに贈与を開始したほうが得策といえるでしょう。

「名義預金」に注意

生前贈与では、普段子どもが使っている預金口座に直接振り込む方法のほかに、新たに子どもの名義で預金口座をつくり、そこに毎年110万円ずつ振り込む方法がよく使われます。とくに子どもが若い場合には、無駄遣いをしてほしくないために、親心としてこの方法がとられます。

しかし、この「子ども名義の通帳」は、税務署から親の財産とみなされやすいため、注意が必要です。預金の名義は子どもであっても、実質的には親の預金というのは「名義預金」と呼ばれています。名義預金は、相続税のチェックをする際に税務署が狙いをつける重要なポイントです。

贈与でなく名義預金とみなされると、その口座の残高はすべて相続財産に算入されてしまい、相続税の課税対象になります。せっかくコツコツと毎年振り込んで節税できたと思ったのに、その努力が水の泡となってしまうのです。

では、税務署は、何を根拠にして名義預金とみなすのでしょうか。

その条件は、「もらったことを子どもが知らない」「お金を使っていない」「子どもがカードや印鑑を所有していないので使えない」「預金口座のある支店が、子どもの住所や勤務先から遠い」などです。子どもが預金口座があることすら知らされていなければ、完全に真っ黒な「名義預金」です。

名義預金でないことを証明するには、その逆をすればよいわけです。つまり、「通帳の存在もお金をもらったことも子どもが知っている」「印鑑もキャッシュカードも子どもが持っている」「子どもが口座からときどき引き落としている」「口座のある支店が住まいの近く」などを満たせばよいわけです。

もっとも、お金がいつでも使えると思うと、どうしてもお金を引き出して無駄遣いしがちです。逆に子どものためにならないこともあるでしょう。そう考えると親の悩みは尽きません。

また、「これなら名義預金でなく、ほぼ間違いなく贈与だろう」と判断されるのが、「贈与税を申告して納税している」という条件です。

「節税をしたいのに、なぜ贈与税を払うのか？」と疑問に思われるかもしれませんが、多額の贈与税を払うわけではありません。最低限の金額でいいのです。あらかじめ、それを支払っておくことで、のちのち相続の場面において、名義預金と判断されるリスクが取り除かれれば、これほど安いことはありません。

具体的には、次のようにします。

毎年120万円を贈与するのです。すると、基礎控除の110万円の枠を10万円オーバーします。この10万円に対しては10％の贈与税が課されますので、もらった子どもは1万円を納税するわけです。

この1万円の納税こそが、「この口座は私が使える口座です」ということを証明する強力な証拠となるのです。これが、「暦年贈与」を活用した賢い節税対策です。もちろん、この贈与税1万円を、親が代わりに支払ってしまっては意味がありませんので注意してください。

「相続時精算課税」の見直し

子どもに対する生前贈与の方法には、ここまで説明した「暦年贈与」のほかに、「相続時精算課税」制度を使った贈与があります。

実は、贈与に対する課税の方法には、「暦年課税」と「相続時精算課税」の2種類があり、どちらかの方法に従うことになります。相続時精算課税は税務署に申請することで選択できる課税方法です。とくに申請しなければ、暦年課税が用いられます。

相続時精算課税は、累積2500万円までの贈与ならば贈与税がかからないというものです（2500万円を超えた分には、一律20％の贈与税がかかり、その贈与税は将来の相続税から控除される）。その代わり、贈与した人が亡くなったときには生前の贈与額を相続財産に合算しなければなりません。いつ贈与しても相続税の税額は変わらないため、いわば相続財産の前渡しと考えるといいかもしれません。

従来、相続時精算課税はあまり活用されていなかったのですが、これを使いやすくするために、いくつかの変更が加えられ、2024年1月1日以降の贈与から適用されています。

この見直しでとくに注目されているのが、特別控除額2500万円の枠とは別に、毎年総額110万円までの贈与には課税しないという制度です。つまり、特別控除額分以外に、毎年110万円までの贈与ならぱ、相続時に相続財産にも加算されません。

暦年贈与にも年間110万円の基礎控除がありますが、亡くなる7年前までの贈与は相続財産に加算されてしまいます。その点、相続時精算課税による贈与だと、年間110万円の贈与が非課税となったうえに、そもそも暦年課税ではないのですから、亡くなる2年前の贈与でも1年前の贈与でも相続財産に加算されないわけです。

一方、相続時精算課税には、贈与した物件を相続税の物納にできない、小規模宅地等の特例が使えない、空き家売却時の売却益に課せられる譲渡所得税の特別控除3000万円が受けられないなどのデメリットは残りました。

このため、暦年贈与と相続時精算課税による贈与のどちらが得になるのかは、その方の資産総額や資産構成などによって変わってきます。詳しくは相続の専門家に相談することをおすすめします。

教育資金一括贈与（2026年3月末まで）

30歳未満の子が、親や祖父母、曾祖父母から教育資金を受けた場合、最大1500万円まで贈与税が非課税になるという特例です。医学部進学や海外留学となると、このくらいの金額はかかることでしょう。受けた側の子どもにとってもうれしいですし、贈与した側にとっても資産が減ることで相続税が減るという効果があります。

ただし、金融機関に専用の口座をつくり、そこに一括して入金するという条件があります。そして、その金融機関を通して税務署に申告書を提出して、はじめて非課税が認められます。

この「一括して銀行口座に入金」というのが曲者《くせもの》で、贈与する側は1回きりの行為となり、贈与を受けた側はちょくちょく引き出すことができるという仕組みです。

「子どもや孫が喜ぶ顔が見たくて教育資金を贈与したけれど、何か味気ない。最初は喜んでくれたけれど……。やはり、こまめに渡して何度も喜ぶ顔を見たい」

こう考える人が多かったのか、結局、暦年贈与で教育資金を支援することにした人も多いようです。暦年贈与ならば、毎年子どもや孫の喜ぶ顔が見られます。そのためか、使いづらさもあって、この教育資金一括贈与を活用する人は、徐々に減ってきました。

この非課税制度は2026年3月末までの期限付きで継続されましたが、その後は再延長されないかもしれません。しかし、教育資金一括贈与がなくなったとしても、教育費については社会的通念の範囲内ならば、課税されないことになっています。常識的な範囲ならば贈与税を心配することはないでしょう。

結婚・子育て資金一括贈与（2025年3月末まで）

18歳以上50歳未満の人が、親や祖父母、曾祖父母から挙式費用、妊娠・出産費用、保育園入園料などの資金の贈与を受けた場合、最大1000万円まで贈与税が非課税になるという特例です。妊娠から子育てに関わるさまざまな費用が含まれ、不妊治療や分娩費、入院費から保育園の費用まで幅広く認められています。

この非課税制度も、教育資金と同じく期限付きで延長され、2025年3月末までとされています。もし、延長されなかったとしても、こうした出費は生活費の援助に含まれますので、とくに多額でなければ贈与税を心配する必要は少ないと思います。

住宅取得等資金贈与

18歳以上の子が、親や祖父母、曾祖父母からマイホームの購入やリフォームのための資金を贈与された場合、最大1000万円まで贈与税が非課税になるという特例です。非課税の限度額は、住宅の品質やリフォームの内容によって変わります。

ただし、贈与を受ける人の所得が2000万円以下という条件があります。あくまでも住宅資金の援助という前提なので、子どもに資金力がある場合には適用されないのです。

令和6年度税制改正大綱にて、2023年12月31日までの適用期限が、2026年12月31日まで延長されました。

親ができる相続対策②――土地の測量・建物の修繕をする

不動産にかかる費用は、親の生前に支払っておくほうが節税になります。

例えば、土地の測量や建物の修繕といったことは、いつかは必要になります。それならば、相続前に親のお金から出費しておけば、相続税の課税対象額を減らすことができるわけです。土地の測量については、相続財産を確定するときに必要になる可能性があります。それなら、前もってやっておいたほうが得策です。

もっとも、子どもから「相続対策で測量をしよう」というのでは、親はおもしろくありません。タイミングが重要です。その点、隣家との境界が問題になったときはチャンスです。そんなときにでも測量を実施しないと、なかなか動き出せないというのが実情でしょう。

一方、建物の修繕なら、いろいろな手が考えられます。よくあるのは、実家のリフォームです。例えば、500万円かけてバリアフリーにしたり、水回りをきれいにしたりするのもいいでしょう。1人暮らしの母親のために、2階にあった寝室を1階に移すというのもいいと思います。

500万円かけてリフォームすると、預金は500万円減ります。一方で、相続の際の建物の評価額は、固定資産税評価額ですから、リフォーム程度では増えないことがほとんどなのです。住み心地がよくなって親が喜ぶと同時に、効果的な相続対策にもなるので一石二鳥です。

実は、リフォームで一番おすすめなのは、家のなかの全館空調です。オフィスでは常識となっているのに、一般の家屋ではほとんど進んでいないのが不思議です。

各部屋にエアコンを入れているのは、経済的とは言えません。しかも、全館空調にすると、冬場の風呂場の脱衣所やトイレの室温も暖かくなります。これらの場所が寒いことで、お年寄りが倒れるという事故がしばしば発生するのはご存じの通りです。

全館空調は、世の中で思われているほど費用はかかりません。一般家庭ならば、200万~300万円程度でできてしまいます。もっとも、気密性の低い家では、すきま風などで冷暖房効果が薄れてしまうので、その対策も必要になるかもしれません。

親ができる相続対策③――遺言書を用意する

親ができる相続対策は、節税だけではありません。子どもたちにとって何よりもありがたいのは、遺言書を遺してくれることです。

前にも書きましたが、生前に遺言書を用意している人は、全体の1割程度です。5億円以上の資産家でも17％程度に過ぎません。

もちろん、遺言書を書くのは億劫ですし、子どもの取り分に差をつけることになりますから、気が進まないのは仕方ありません。しかし、遺言書があれば、遺産分割協議は非常にラクなものになります。基本的に遺言通りにやればいいのですから、多少の不満があっても話はまとまります。だからこそ、税理士の目から見れば、親に遺言書を書いてもらえれば、子どもは手を合わせたくなるほどありがたい話なのです。

あえて言えば、遺留分を侵害している遺言書は問題になります。その場合でも、遺言書という基本方針があれば、あとは細かい問題です。遺産分割協議でどうしようもならない状態を10とすれば、そのときの問題は2か3という程度のものでしょう。

どうしても遺言を書きたくないというのでしたら、少なくとも生前に親が方針を示しておくことです。子ども全員がその方針を共有していれば、相続はスムーズに進みます。

すでに説明した「デジタル遺言制度」が創設されれば、遺言が今よりもっと身近な存在になる時代が来るかもしれません。

その相続対策では、かえって親子の縁が切れる！

次のうちで、子どもが親に相続対策をお願いする言葉として、適当なものはどれでしょうか？

a「お母さん、元気なうちに遺言書を書いておいてよ。困るのは俺たちだからね」とせっつく。

b「お母さん、相続税大変なんだって。ちょっとこの本でも読んでおいてよ」と言って、相続に関する本を渡す。

c「僕たちきょうだいがモメると困るから、ちゃんとしておいてね」と、ぼやかして言う。

d「田中さんちでは、税務署に相続税をガッポリ持って行かれて真っ青だったらしいよ」と、他人の家の話を引き合いに出す。

答えを先に言うと、どれも不適切です。いわば、親に対する典型的なNGワードと言ってよいでしょう。

もちろん、子どもはａのように言ったとしても、悪気があったわけではないでしょう。知り合いの家族が相続でモメたのを見て、そうならないように自分の家族でも対策をとっておこうと考えて言ったのかもしれません。

しかし、親からすれば、「私が死ぬのを待っているの？」と受け取ってしまいがちです。実際にこう言われたお母さんが頑として遺言書を書こうとせず、親子の関係がぎくしゃくしてしまったという話を聞いたことがあります。

また、お客様が「遺言を書き直したいんですけど」と相談にいらっしゃったことがありました。理由を尋ねると、こうおっしゃるのです。

「長男が私に向かって、『相続対策はどうなっているんだ』という話をするんですよ。腹が立っちゃってねえ、長男の取り分を減らそうと思って来たんです」

これは決して例外的なことではありません。子どもの言葉に親がカチンときて、ほかの人へ多く相続させようとするのは、よく聞く話です。不用意なひと言で、下手をすると親子の縁が切れることさえあります。注意していただきたいと思います。

では、直接、「ああしろ、こうしろ」と言わなければいいのかというと、そんなことはありません。

bのように、実家を訪れたときに相続に関する本を置いて帰るのは、最悪なやり方だといわれています。自分が直接言うのは嫌だから、本のせいにしてしまうわけです。

本書もぜひ多くの人に読んでもらいたいのですが、不用意に親御さんに手渡すことだけは気をつけていただきたいと思います。

cのように、「困るのは俺たちだからね」「モメないようにしておいてくれ」というのも、やはりNGワードです。「ちゃんとお墓を整備しといてよ」となると最悪です。親にしてみれば、「墓を整備しろはないだろう」と怒鳴りつけたい気持ちになるかもしれません。

また、親の相続がちらついてくると、自分の周辺で相続税で困った話というのがだんだん耳に入ってきます。そこで、dのような話をしたくなるのですが、よその家の事例を出すのは、どこか下心を感じます。

ましてや、息子が、奥さんの実家の相続の話を持ち出してきて、「大変だったんだよ」などと親に言うのはタブーです。お母さんにとって、子どもの結婚相手の家は永遠のライバルです。息子であれば嫁の実家、娘であれば婿の実家は、ただでさえライバルですから、それに加えて相続の話などをしたら、心中穏やかではありません。

「じゃあ、私にどうしろというのよ!」とキレてしまうかもしれません。「そんなつもりで言ったんじゃないのに」となだめても手遅れです。

結論を言うと、相続を客体で扱うのがいけないのです。自分が汚れ役を引き受けることなく、親に何かを気づかせようという話が一番よくありません。

相続は自分たちの話です。主体で扱わなくてはいけません。自分たちのこととして真剣に向き合っていけば、親は理解してくれるはずです。

子どもができる相続対策①――親とのコミュニケーションを大切に

子どもから積極的にできる相続対策も、あることはあります。ただし、子どもが単独でできることは、正直言って何もありません。基本方針は、あくまでも親に喜ばれること、親との関係をよくすることにあるといってよいでしょう。

税理士法人レガシィには、「親孝行、計ってみれば数億円」という言葉があります。

親孝行の息子さん、親孝行の娘さんは、お母様とよく話すことができます。そして、下心なく親孝行を心掛けていれば、それがいつしか相続の際に自分にプラスとなって返ってくるでしょう。

原則的に、子どもが実家のことや遺産のことを考えるのは、相続が発生してからにすべきです。

前項のように、親に対して相続や遺産に関することをストレートに求めてはいけません。そうではなく、普段から親とのコミュニケーションを密にすることが何よりも大切です。

親子の関係ほど、あてになる人間関係はありません。子どもが親のことを思えば、絶対に親は子どものことを思うに決まっています。

他人だったらそうはいきません。誰かのためにと一生懸命やっても、必ずその人はこちらへ気持ちを向けてくれるかというと、そうとは限りません。

しかし、親は必ず理解してくれます。どんなことがあっても、子どもの最大の味方は親なのです。ほかに味方はいないと思っているくらいで間違いありません。

そこを認識して、「親が喜ぶようなことをすれば、必ず親は子どもが喜ぶようなことをしてくれる」ということを頭の片隅に置いておいてほしいのです。

親が喜ぶ「1人帰省」のすすめ

相続に関する法律や制度の改正が話題になり、雑誌やネットでは相続税の節税に関する記事をよく目にするようになりました。しかし、長年相続に携わってきた目から見ると、「そんなことは現実的にできるわけがないだろう」という小手先のテクニックが多いのが実情です。

それよりも、まずは親子のコミュニケーションをとるほうが、はるかに重要です。

その1つの方法として、おすすめしたいのは「1人帰省」です。1人で帰省する日数が多いほど相続が円滑に進みます。

実家の帰省というと、お盆や年末年始に一家で帰省するのが一般的ですが、本当に親を喜ばせるのは自分1人で親に会いに行くことです。普通、家族で実家に帰ることはあっても、1人で親を訪ねるというのは、年に1回あればいいほうで、なかなか機会がないでしょう。

よく聞く話は、妻に気をつかって夫が実家に帰らないというものですが、それは逆です。夫が1人で実家に行けば、妻も1人で自分の実家に行きやすくなるのです。

母親も、息子夫婦、娘夫婦が2人で来たのでは、なかなか本音で話ができないでしょう。孫も一緒ならなおさらです。でも、実の息子や娘が1人で来れば、心置きなく話すことができるのです。

出張のついでに実家に顔を出すというのは、非常にいいやり方だと思います。それならば、必然的に1人になるので文句なしです。もし、日程を自由にやりくりできるのなら、金曜日に行って土日ゆっくりして戻ってくるのが理想的です。

また、息子の場合は、自分の誕生日に母親を訪ねるのが効果的だといいます。

聞いた話では、ある息子さんが55歳や60歳という節目の年に、自分が母親のところに行って、「今日は僕の誕生日だよ」と言ったのだそうです。

「知ってるわよ」

「まあ、いろいろあったけどさ、まあ、産んでもらってよかったかな」

ぼそっと言ったのが非常に効いたようで、母親はとても喜んでくれたとのことです。

誤解のないように付け加えますと、節税対策を目的にしてコミュニケーションを大切にしろというのではありません。親は子どもの心情などお見通しですから、そんな下心が見え見えではいけません。

そうではなく、いい相続をするという気持ちで、親とコミュニケーションをとるのがいいと思います。

それには長い時間をかけて、じっくりと進める必要があります。もし、その辺がうまくいったと仮定して、母親が「相続で何かやってあげようかしら」と言ったときに、はじめて、本書で述べたような対策ができるのだと考えていただきたいのです。

「聞き上手」は「相続上手」

日頃から親とコミュニケーションがとれていると、意外な効用があります。

相続する土地の相続税評価額を下げること（土地の評価減）などはそのいい例でしょう。その土地にまつわるいわく因縁を聞いておくと、それを理由にして土地の評価減ができるかもしれません。

例えば、「昔は、ちょっと雨が降ると、このあたりはよく水が出たのよ」「戦時中は近くに工場があって、下に何が埋まっているのやら」「最近はそれほどでもないけれど、風向きによっては変な臭いがしてくるの」といった話です。

普段から親子のコミュニケーションができていれば、何かの雑談の折にそういう話題になることがあるでしょう。そうした情報が多ければ多いほど、税理士に伝えてくだされば、土地の相続税評価額を下げて相続税を安くできる可能性が高まるのです。

もちろん税理士はプロですから、親御さんからの話がなくても、さまざまな情報を集めてきて評価減を目指します。とはいえ、あればあったでうれしいことは確かです。

最近では、インターネットでも各地の古地図が比較的簡単に見られるようになるなど、便利な時代になりました。それでも、地図を見ただけでは読み取れない情報もあります。実際にそこで暮らした人の記憶ほど、確かな情報はないのです。

「でも、どうやって親からそうした情報を聞き出せばいいのでしょう？　うちの親とは共通する話題があまりなくて……」

ご心配なく。誰でも聞き上手になれる、とっておきの方法があります。

それは、「親と同じ言葉を繰り返すこと」です。

例えば、息子が久しぶりに1人で実家の母親を訪ねたとしましょう。年配のお母さんは、いろいろと体のあちこちの不調を訴えることでしょう。

「今日は腰が痛いのよ」と言ったとき、聞き上手の息子さんは、「ああ、そう。今日腰が痛いんだ？」と、繰り返せばいいのです。決して、「病院へ行かなくちゃ」と言ってはいけません。

お母さんは、ただ息子と話をしたいだけなのであって、そのために身近な話題を持ち出しているのです。息子が同じ言葉を繰り返せば、さらにお母さんは話を進めていくでしょう。

「そう、さっき近所の○○さんと会ったらね」と言われたら、「○○さんと会ったんだ」と答えればいいのです。

「相変わらずひざも痛くてね」と言われたら、「ひざが痛いんだ」「ああ、相変わらずだね」などと答えるのです。

この繰り返しが、聞き上手のコツです。

自分史づくりは親との最高のコミュニケーション

昔の話は、親が喜ぶ話題の1つです。例えば、実家に古いアルバムがあれば、そこに写っている人を「これは誰？」と尋ねるだけで話も盛り上がることでしょう。何十年も前の写真になると、写っているのが誰なのかわからないことが多いはずです。親が生きているうちに聞かないと、もう永遠に闇のなかに埋もれてしまいます。

「頼りになるのは、お母さんだけなんだ」と言えば、親は身を乗り出して、「この人は大叔母さんのところの○○ちゃん」「あなたのひいおじいちゃんよ」などと熱心に教えてくれるに違いありません。

家系図をつくるのもいいでしょう。

「自分なりに家系図をつくってみたいから、話をちょっと聞きに来た」と、自分のルーツ探しのために、先祖の話、田舎にいる親戚の話などを聞くと、お母さんは喜んでくれるはずです。

さらに進めて、親の話を参考にして、自分史をつくるというのもおすすめです。

50歳代、60歳代の子どもが自分史をつくるとなると、当然のことながら、親に「俺の小さい頃って、どんな子どもだったっけ?」と聞きにいくことになります。

すると、目の前にいる息子が本当は60歳であっても、母親にとっては、その瞬間、5歳の子どもに逆戻り。幼い頃のエピソードを、次々に話してくれることでしょう。

「僕が小さい頃、どこに住んでいたんだっけ?　一緒に行ってみない?」となれば理想的。

これを、私は「センチメンタルジャーニー」と呼んでいます。親子で、昔住んでいた土地を訪ねるというのは、コミュニケーションを親密にするいい方法です。

そして、自分史をつくって自分の一生を振り返っていくうちに、親に対する大きな感謝の念が湧いてくるはずです。

子どもができる相続対策②――「一次相続はすべて配偶者に」が原則

親に相続対策をうまくやってもらうために、欠かせないのが「一次相続ではすべて配偶者に」という原則です。

雑誌や書籍には、「一次相続で子どもたちが多く相続すると節税対策になる」とよく書いてあります。確かに、資産の規模が大きい家では、二次相続の相続税が重くなるので、一次相続のうちに子どもたちが財産を相続したほうが、節税となります。

法定相続分は、一次相続では配偶者が2分の1、残りの2分の1を子どもたちで均等に分けることになっています。さらに節税だけを考えるならば、配偶者を半分未満にして、子どもたちの相続分を多くしたほうが有利というのは、計算上は正しいのです。

ただし、それは「机上の空論」といわれても仕方がありません。なぜなら、それは遺された配偶者（多くの場合、母親）の今後の生活設計をまったく考慮に入れていないからです。

夫が亡くなってから、妻が亡くなるまでの平均は約16年だと言いましたが、この16年間の生活設計を何よりも優先して考えなくてはいけないのです。

節税よりも生活優先です。さらに言えば、節税より心情優先です。

私たちは、「一次相続はすべてお母さんに」をすすめています。子どもたちは、「全部お母さんでいいよ」と伝えればいいのです。母親も、そう言われることを待っているはずです。すべて母親が相続しても、配偶者の税額軽減や小規模宅地等の特例がありますから、かなりの資産家でない限り相続税はかかりません。

親子が同居している場合はなおさらです。父親が亡くなった時点で、土地の名義をお母さんにすべきか、子どもにしたほうがいいのか、相談を受けることがあります。

同居なら母親にしたほうがいいとお答えします。というのも、同居なのに自分の名義でないと、心情的に他人の家に住むような気分になってしまうからです。

不動産を子ども名義にしておけば、二次相続のときに税金がかからないという人もいますが、それは当事者の心情を考えていません。

母親が住んでいた家ならば、母親が相続するというのは常識です。少なくとも、母親の持ち分は残しておくべきです。なかには息子（娘）夫婦の名義になった途端に、お母さんをないがしろにしたという事例も聞きます。

子どもが、いきなり自分名義の土地・家屋を手に入れてしまうと、自分のものだから自分たちの思い通りに使えるという意識になって、親を大事にする気持ちが薄れてしまうのでしょう。

そもそも、二次相続で税金が高くなるといっても、その差額は大したものでないかもしれません。どうしても気になるのなら、税理士に相談して比較してみることをおすすめします。

もしかすると、数十万円程度かもしれません。正直な話、数百万円までならば大した話ではないと思うのです。それよりも、母親の16年間の生活のほうが大切です。しかも、16年後には土地の評価額もどうなっているかわかりません。

一次相続の段階で、遺された配偶者、多くの場合は母親の今後の生活をどうするかというのは、非常に悩ましい問題でした。場合によっては、母親の生活が立ちいかなくなってしまう恐れもあるからです。そこで2019年7月から「配偶者への自宅贈与の優遇措置」、2020年4月から「配偶者居住権」という2つの特例が追加されました。

配偶者への自宅贈与の優遇措置は、婚姻期間が20年以上の夫婦の一方が、他方から自宅を生前贈与されたり遺言で譲り受けたりした場合、遺産の先渡しとして計算されず、遺産分割の対象から外されるという制度です。これにより、遺産分割での配偶者の取り分が増えることになりました。

もう1つの配偶者居住権は、自宅の権利を「所有権」と「居住権」に分け、遺された配偶者がこの居住権を取得すれば、自宅の所有権が別の相続人（例えば子どもなど）や第三者にわたっても、遺された配偶者は終身または一定期間、その建物に無償で住み続けることができるという制度です。預金が少なく大きな財産は自宅のみという相続の場合でも、自宅を売却して現金化する必要がないというメリットがあります。

とはいえ、これらの特例は、実際の相続ではあまり使われることがありません。子どもが相続のために「お母さんは家から出て行って」ということは、まずないからです。これらの特例は、先妻がいるケースや節税目的のケースでは有効かもしれませんが、一般的な相続であれば、やはり一次相続では母親がすべて相続するのが円満相続の秘訣だと思います。

子どもができる相続対策③――きょうだいには「気をつかって金を使う」

きょうだいの関係にとって、相続というのは人生のなかで一番重要な場面です。何しろ、遺産分割協議は全員同意でなくてはなりません。ですから、全員が顔を合わせて、とことん話し合わなくてはならないのです。そんな機会は、おそらくそれ以後は一度もないかもしれません。

法事や結婚式で顔を合わせることもあるでしょうが、そこでは誰かが欠席してもそう大きな問題ではありません。「あいつは何をやっているんだ」「どうしたのよ」という話は出るでしょうが、基本的にその場限りです。

ところが、相続はそうはいかないのです。全員が揃わなくてはなりません。きょうだいの関係に一番影響のあるイベントであることは間違いありません。

正直な話、親の相続がすべて終わったあとと、相続が終わる前とでは、きょうだいの間の位置付けがまったく変わってしまいます。おかしな話ですが、相続が終わってしまえば、きょうだいの関係は徐々に薄くなっていくことが多いのです。

逆に言えば、相続前のきょうだいであれば、とにかく相続があることを念頭に置いて気をつかうことが大切です。本家の人ならばなおさらです。

例えば、法事や子どもの結婚式をするときは、お土産付き、交通費持ちにしたほうがいいでしょう。そこにお金を使うことで、将来、分家の人たちから起こるかもしれない批判をやわらげることができます。

本家の人は、自分たちが偉いという態度を見せてはいけません。

「私は先祖代々の土地をお預かりしている管理人です。管理人として、今日わざわざ遠いところから来ていただいて感謝いたします」

この「気をつかって金を使う」ことが、相続でモメることを防ぐコツです。

逆に、分家のほうは分家のほうで、本家とのコミュニケーションを欠かさないことが大切です。

聞いた話では、次男が出張や旅行で空港を利用するたびに、長男の妻（義理のお姉さん）に名産品を送り続けたというエピソードがありました。1000円か2000円のものを、頻繁《ひんぱん》に送っていたのだそうです。

ありがとうと言われるのを期待しているわけではなく、コミュニケーション術として素晴らしいことだと思います。贈り物は高くなくていいのです。それよりも数が大切です。「いつも、お義姉さんたちのことを考えていますよ」というメッセージになるからです。

こういうことがあれば、いざ相続になったときに、義理のお姉さんとしては、「あの弟さんだけはなんとかしてあげてよ」と夫に口を利くことになるでしょう。

本家からのプレゼントとしては、甥や姪の入学祝いに、お金をはずんだほうがいいと思います。毎年あげる必要はないので、ここぞというときに、大きな金額をあげるのが印象に残るいいやり方です。

ものを贈るなら、ピアノなどは最高のプレゼントでしょう。ピアノを贈ってもらった側は、それを一生覚えています。「そんな高いものを！」と思われるかもしれませんが、深く考えてみると、遺留分を主張されることに比べれば安いものです。

いずれにしても、本家からあげるときは、「やりすぎじゃないの？」と妻に言われるくらいがちょうどいいと思ってください。目先の損得にとらわれることなく、長期的な視点で見ることが大切です。

もし、長男が妻から「あなた、人がいいわね。そんなにあげてばっかりいて」とあきれられているくらいなら、相続のときにモメない家族です。

遺産の額が少ない相続ほどモメる理由

興味深いことに、相続する財産が少ないほどモメるとよくいわれます。資産5000万円を境にして、それよりも少ない家のほうがモメるという統計データもあります。

その理由は、いろいろとあるでしょうが、おもに次の3つが考えられます。

①両親に対しての親孝行が、寄与分として民法で日当程度しか認められない

介護などで苦労していても、いざ相続になると、その寄与分は苦労に比べると微々たるものです。そこで、「あれだけ面倒を見たのに、なんで私もみんなと相続額が一緒なの?」

と納得がいかずに争うケースが増えています。これは、資産家の場合よりも、遺産が5000万円以下のほうが切実に思われます。

②教育費、結婚での援助など、子どもに対する親からの援助が平等になっていない

これはよくある話です。しかも、みんな自分が不利だと思っているのです。自分は得をしたと思っている人はほとんどいません。とくに、遺産5000万円以下のほうが、そうした不平等な状態になっていることが多いようです。

③資産家のほうが相続に対する心の準備ができている

おそらく、これが一番大きな要因ではないかと考えます。遺産5000万円を超える資産家は、代々大きな財産を相続している方が多いので、一族のなかで遺産相続に対する心構えができています。実際に、書籍・記事・セミナーなどで最悪なケースを頭に入れている場合が多く、それを反面教師として「売り言葉に買い言葉でけんかになる」ことを防いでいるのでしょう。

ところで、さまざまな相続を見てきた経験から言うと、モメる原因はただお金だけではありません。むしろ、お金が2割で、残りの8割は気持ちの問題であるように見えます。お金で解決できればまだいいのですが、きょうだいの長年にわたるしこりや恨みなどが、心のなかにわだかまっていて、いざ相続になったときに爆発するのでしょう。

なかには、ちょっとした気持ちのすれ違いで泥沼化してしまった例もあります。

母親が亡くなって遺された3人の息子のうち、1人が相続放棄をすることで話がまとまりかけていたケースです。ところが、相続放棄をした弟が、「兄貴はまったく感謝の気持ちがない。相続放棄をしたんだから、もっと感謝してくれてもいいじゃないか」と怒ってしまい、モメてしまったのです。

相続というと、お金の動きばかりが注目されますが、それ以上に気持ちが重要だということがわかるいい例です。

残念なことに、相続でモメたことで、その後の親戚付き合いができなくなる例も珍しくありません。

50代、60代前半の相続人にとって残念なのは、自分の子どもたちが、モメている様子を間近に見てしまうことです。相続の当事者たちはカッカしているので、そうしたことに気がつかずに、自分の子どもなら当然味方をしてくれるだろうと思っています。

それはそうなのですが、多感な子どもの頃に、親たちが相続争いをしているのは、あまり見たいものではありません。仮に、モメたとしても、子どもの前で愚痴を言うべきではありません。家のなかでは、話題にしないほうがいいでしょう。

しかも、相続でモメた親というのは、子どもたちに向かって「あなたたちはモメないようにしなさいね」と言いたがるものです。親にとっては気をつかっているつもりでも、子どもにとっては「それじゃ、辻褄《つじつま》が合わないじゃないか」と感じて反発してしまうのです。

相続でモメない極意は「比べない」こと

相続でモメている人は、きょうだいと自分とを、何かにつけて比べる傾向があります。

親子は一親等ですが、きょうだい同士は二親等です。縦に直接つながっている親子の関係と違って、きょうだいは親を通じて横に並んでいる関係と言えます。

横に自分ではない人間が並んでいると、人はどうしても隣を向いて自分と比べてしまいがちです。それが、モメる相続になる大きな原因となっているようなのです。

「私は公立の学校なのに兄は私立の学校だった」「私は結婚式が地味だったのに妹は派手だった」「私はいつもお姉さんのお下がりの服だった」といった具合です。子ども時代からのそうした不満がマグマのようにふつふつと心の底にたまり、それが相続のときにドカンと噴き出してしまうことで、モメる相続になってしまうのです。

しかし、他人と自分を比較しても、何も生産的なことはありません。

「比較していいのは過去の自分と現在の自分、あるいは現在の自分と理想の自分の姿だけだ」

そう述べたのは、オーストリア出身の心理学者アルフレッド・アドラー（1870～1937年）です。精神科医でもあったアドラーは、自分と他人を比較して優越感や劣等感を抱くことの無意味さを説きました。比較をするとしたら、「過去の自分と現在の自分を比較して優越性を持つこと、あるいは理想の自分と現在の自分を比較して劣等感を抱くことだ」と述べています。

相続では、すべてが平等というわけにはいきません。不動産はきれいに等分できないので、誰かが不満を持ってしまうのは避けられません。

相続でモメないためには、割り切れない思いがあっても、比べないことが大切です。「天《てん》網《もう》恢《かい》恢《かい》疎《そ》にして漏《も》らさず」という言葉をご存じでしょうか。中国古代の思想家、老子の言葉に由来するといわれ、「天道は厳正であり、悪いことをすれば必ず報いがある」という意味です。

相続でどうしても納得いかないことがあったら、「お天道さまが見てくれている」「悪いことをすると、いつかしっぺ返しがくるだろう」と考えればいいのです。自分が相手を罰しなくても、必ずいつかは天が罰してくれて、譲った人には必ず天がいい報いをしてくれるはずです。

実際に、長年お手伝いしてきた相続を見ていると、「譲った人にツキが巡ってくる」ことをしみじみと感じます。

あるプロゴルファーの父親は、相続にあたって不満はありましたが、あえて争おうとはせず、きょうだいの求めるままに譲ることにしました。すると、それまで娘のプロゴルファーは今ひとつ成績が振るわなかったのですが、その後はかなりの活躍を見せるようになったのです。

似たような例は、枚挙にいとまがありません。

目には見えない「相続財産」もある

「実家じまい」の出口は、結局のところ、売却するか取り壊すかになると述べました。

しかし、幼い頃からの思い出が詰まっている家を取り壊したり、親がよく使っていた遺品を捨てることに対して、寂しい思いをしたり、申し訳なく思ったりする人もあるでしょう。

しかし、形のあるものにこだわっていると、いつまでも前に進めません。実家の問題を解決することができないのです。

確かに、そう簡単に割り切れるものではないでしょう。では、こう考えたらどうでしょうか。

「親から受け継いできたのは、形あるものだけでない」と考えるのです。

相続財産というと、ほとんどの方は、土地や家屋、預貯金や株式などを連想するでしょう。相続は、そうした形あるものを亡き人から受け継ぐことであり、単なるお金のやりとりだと思っている人もいるかもしれません。

しかし、それは誤解です。金銭に換算できる財産を受け継ぐことだけが相続ではありません。亡き人の心や意思、さらには文化や思想、人間性といった目に見えない資産を受け継ぐこともまた相続なのです。

それは、「相続」という字を見ればおわかりになると思います。

相続の「相」という字は、「人相」「面相」というときの「相」で、「姿」という意味があります。その「相」を「続」ける――つまり、亡き人の姿を続けていこうというのが相続なのです。

ただ、亡き人の姿を続けていくためには、物質的・金銭的な資産も必要です。例えば、親の商売を継ぐには、その基盤となる土地や店舗も引き継ぐ必要があります。

また、「子どもには平和で穏やかな生活を送ってほしい」という親の意思を実現するには、最低限の資産があったほうがいいでしょう。

不動産や預貯金を相続するという行為の根本には、そうした親の思いを理解して引き継ぐという意味があるのです。

「財産遺して銅メダル、思い出遺して銀メダル、生き方遺して金メダル」

これは、あるお客様がおっしゃった言葉です。

私たちは、どうしても「実家」という思い出の詰まった建物にこだわりがちです。ですから、誰も住まなくなっても、実家を売る踏ん切りがつきません。実家を売ってしまったら、家族の思い出だけでなく、親の思いまでもがこの世から消えてなくなるような気がしてしまうからです。

しかし、「相続」には、土地や財産を受け継ぐという「金銭的な意味」だけでなく、「相」を「続」けるという「精神的な意味」も含まれているのです。

いや、むしろ相続の本質はそこにあるのではないでしょうか。亡き人の生き方や考え方を胸に刻んで、よい相続ができるように努めること。それが、遺された人の最も大切な役目だと思うのです。

「相続」とは親の意思を続けることです。そう考えれば、「実家」という形にこだわる必要はありません。極端なことを言えば、形あるものにこだわることなく、自分の心のなかに親の思いを継いでいけばいいのです。

相続税がかかる財産、かからない財産

財産には、物質的で金銭や数字に換算できるものと、精神的で他人と比較できないものがあります。

その2つの違いをうまく表現した言葉が、「地位財《ちいざい》」と「非地位財《ひちいざい》」です。前者には、現金や預貯金、株式、不動産などがあり、後者には、親が培ってきた人脈、良質の教育、心地よい環境、健康、愛情、信頼感などがあります。

この用語は、慶應義塾大学大学院教授で「幸福学」研究の第一人者である前野隆司《まえのたかし》さんが、海外の経済学者の提唱した考えを日本語に訳して広めたものです。

前野さんとは何度かお会いしたことがあり、いろいろとお話を伺う機会を得ました。前野さんによると、「地位財」と「非地位財」の最大の違いは、地位財による幸福は長続きしないのに対し、非地位財による幸福は長続きする点にあるといいます。

これは、私自身が立ち会ってきた相続の現場を見ても、強く感じたことです。相続で現金や不動産のような「地位財」を多く手に入れても、その喜びはなかなか長続きしないようなのです。多額のお金を相続しても、それをうまく使ってやっている人よりも、残念ながらむしろ浪費してしまう人の割合が多いのです。

逆に、相続できょうだいに多くを譲ったり、親の借金をあえて引き継いだことで、その後も懸命に働いて功成り名を遂げた方もいらっしゃいます。そうした方々は、現金や不動産ではなく、親から受け継いだ目に見えないもの、生き方、考え方、穏やかな暮らし、豊かな心のような「非地位財」を大切にします。

「非地位財」に価値を見出すのは、人と競争することが目的ではありませんから、家族や友人とのつながりや仕事のやりがいを感じながら生活することで、幸福感は続いていくのです。

そして、興味深いことに、相続税は「地位財」には課税されますが、「非地位財」には課税されません。これは、非常にありがたいことではありませんか。「地位財」だけに注目していると、「相続税が高い」という文句も出てくるかもしれませんが、幸せを長続きさせる「非地位財」には相続税がかからないと思えば、こんな幸せなことはありません。

親から受け継いだ生き方や考え方や、親のおかげで受けられた教育には課税されないのですから、そうした精神的なものを相続するほうが、幸せが長続きするのです。

自分だけの「相続財産」に気づくヒント

「非地位財」は目に見えないものなので、普段は意識していない人が多いかもしれません。でも、誰もが必ず親から何かしらの「非地位財」を相続しているはずです。それに気づくヒントを紹介しましょう。

それは、「私が父から相続したものは○○」「私が母から相続したものは○○」という文章を考えてみて、○○に当てはまる言葉を考えてみるのです。

一番いいのは、気心が知れた人とお互いに言い合うことです。それが気恥ずかしく感じられるなら、自問自答してみてもいいでしょう。

ここで大切なのは、「相続した」という言葉を使うことです。すると、いい言葉が口から出てきます。「父から受け継いだ」「母から引き継いだ」でもいいのですが、「父から相続した」「母から相続した」という言葉を使うことで、なぜか形あるものではなくて、非地位財である親の心情や愛情や思い出されるのです。

いつでもどこでもできることなので、この文章を読んだら、ちょっと時間をとって考えてみてください。

作家の五木寛之《いつきひろゆき》さんが、講演で「母から童謡を相続した」とおっしゃっていたのを聞いたことがあるのですが、とてもいい話だなと感じました。小さい頃にお母さんが歌っていた童謡が、五木さんの心に大きな影響を与え、それが作家として大成する1つの要因になったのかもしれません。

時間のあるときに、知人や友人たちとゲーム感覚で言い合ってみることをおすすめします。いろいろと、興味深い答えが出てくるでしょう。

大げさなものでなくていいのです。ある人は、「母親から健康な体を相続した」と言っていました。「ごぼうを入れたおいしい鶏ごはんのつくり方を相続した」という人や、「アルコール分解酵素を相続してお酒に強い体を受け継いだ」という人もいました。

ずっとフリーランスの仕事をのびのびと続けているある男性は、お父さんから「好きな仕事をする思いを相続した」と話してくれました。そのお父さん自身は、希望する会社に就職が決まっていたのに、親から無理やり家業を継がされて苦労したそうです。そんな自らの体験があったので、息子が大学を卒業する段になっても就職のことに口出しをすることがなく、好きな道を選ぶことを見守ってくれ、母親も説得したのだそうです。

私（天野隆）は、父からは厳しい背中、戦争の悲惨さを忘れないこと、寡黙《かもく》さを相続し、母からは優しさ、素直さ、忍耐を相続しました。さらに言うと、父からは税理士という仕事を相続して、母からは「思いを継ぐ」ことの大切さも相続しています。この両親の思いを継いで相続専門の税理士という仕事をしてきたと言っても過言ではありません。

税理士法人レガシィは、やはり税理士であった父の会社を引き継いだものです。当初は相続専門ではなく、一般的な税理士事務所でした。今、私が相続の仕事をしているのは、母の死が大きく影響しています。私の母は、私が父親の会社に入って間もなくの28歳のとき、58歳で亡くなりました。

母は亡くなる寸前に、私の手を握って「お父さんを頼むね」と言って亡くなったのです。言ってみれば、これが母の遺言でした。手を握られたときのこと、そのときの手の感触は、いまだにありありと思い出します。

ですから、父親の仕事を助けることが、母の思いを実現することでもありました。つまり、母からは「思いを継ぐ」ということを、遺言として伝えられたのだと考えています。のちに相続専門の税理士として活動したのも、このときの母の言葉があったからこそです。

このように親から相続したものを考えていくと、「実家」はなくなっても「家」は遺るのだと実感できるのではないでしょうか。そうすれば、実家や遺品といった形あるものを失ったとしても、親や先祖の思いをつないでいくことができると思います。これが、「実家じまい」の一番大切な心ではないかと思うのです。

5章

知らないと損する！　相続対策の新常識

〝マンション節税〟が禁じ手になる日

マンションの評価方法が変わった！

相続するのは地方の一戸建てとは限りません。親が住んでいたり投資していた都会のマンションという方もいらっしゃるでしょう。夫婦のうち、一方の親が一戸建てを遺し、もう一方はマンションを遺したというケースもあるかもしれません。

これまで紹介してきたように、近年、相続にかかわる制度の変更や法律の改正が進んでいますが、２０２４年１月１日の相続・贈与から、マンションの相続税評価額が見直されました。

これは、マンションの相続税評価額と市場価格の乖離《かいり》を利用して相続税を節税する、いわゆる「相続マンション節税」を是正するためのものです。

節税のやり方が目に余るとして、令和５（２０２２）年度税制改正大綱に「相続税におけるマンションの評価方法については、相続税法の時価主義のもと、市場売買価格との乖離の実態を踏まえ、適正化を検討する」と記載されたことで話が具体化してきました。

そして、2024年から国税庁がいよいよ見直しに踏み切ったのです。その内容を紹介する前に、まず「相続マンション節税」とは何かについて説明していきましょう。

相続税を算出する際に、不動産は一般に現金よりも評価額が低くなります。つまり、資産を現金で持っているよりも、マンションなどの不動産を購入することで評価額を減らすことができ、相続税が安くなるわけです。

例えば、マンションを1億円で購入した場合でも、相続税評価額が2000万円〜3000万円になることは珍しくありません。1億円を預貯金のままで遺すと、まるまる1億円に対する相続税がかかってしまうのですが、その1億円を使ってマンションを購入すれば、2000万円〜3000万円相当に対する相続税で済むのです。

建物は市場価格よりもかなり安く評価されるため、土地付き一戸建てよりも分譲マンションの購入は有利です。とくにタワーマンションのような高級物件だと、市場売買価格と評価額の差がさらに大きくなり、節税効果も大きくなるため、金融機関が資産家によくすすめる方法でもあります。

実は、相続税法第22条によると、不動産は「時価」で算定すると定められています。とはいえ、いちいち市場価格を判定するのは大変なので、便宜的に相続税評価額を使用してよいという通達（財産評価基本通達）が国税庁から出されています。

マンションの相続税評価額は、土地と建物のそれぞれで計算します。土地は路線価と共有持分の面積をベースに、建物は固定資産税評価額をベースにします。そして、両者を足した金額が相続税評価額であり、これを便宜的に時価として扱っているわけです。つまり、「時価＝相続税評価額」がこれまでの通達の考え方でした。

ところが前述のように、タワーマンションでは市場価格と相続税評価額がかけ離れてきました。国税庁が挙げたサンプルによると、東京都内の築9年43階建てマンションの23階で専有面積67・17㎡の場合、市場価格が1億1900万円であるのに対して相続税評価額は3720万円と、3・20倍の差があります。市場価格を基準にすると、わずか3割程度の評価になっていたのです。

同じ国税庁の資料によれば、一戸建ての場合、相続税評価額は市場価格の6割程度が一般的です。それに対してタワーマンションの乖離は大きすぎました。

2024年1月1日からの相続税評価額見直しの対象になったのは、区分所有登記がされている居住用マンションで3階以上のものです。ただし、二世帯住宅などは除きます。

「築年数」「所在階」などもマンション評価の指標になる

では、新しい相続税評価額は、どのようにして算出されるのでしょうか。

国税庁が公表した内容によれば、マンションの「築年数」「総階数指数」「所在階」「敷地持分狭小度」に基づいて、「評価乖離率」を求めます。

この評価乖離率は、従来の相続税評価額と市場価格がどれほど乖離しているのかを示す数値です。

次に、その評価乖離率の数値によって場合分けをし、乖離の大きさによって一定の数値を掛けて補正することで、新しい相続税評価額を算出します。

評価乖離率を求めるために、「築年数」「総階数指数」「所在階」「敷地持分狭小度」の4つの係数が使われるのは、これらが従来の相続税評価額と市場価格の乖離の要因と考えられたためです。もちろん、それ以外にも駅からの距離や周囲の環境といった理由もあるでしょうが、挙げるときりがないので、主要なこの4つに絞ったのでしょう。

このうち、総階数指数は、「マンションの総階数÷33」（1を超える場合、つまり34階以上のマンションの場合は1）と定義されました。「敷地持分狭小度」は、「マンション一室の敷地利用権の面積÷専有面積」で導き出します。

新しいマンション評価額の算出方法

評価乖離率は、具体的には次のような式で求められます。

かなりややこしい計算になりますが、追って国税庁のホームページで自動計算してくれるツールが提供される予定ですので、以下の式は無理に覚える必要はありません。


A×(△0・033)+B×0・239+C×0・018+D×(△1・195)+3・220

A＝築年数、B＝総階数指数、C＝所在階、D＝敷地持分狭小度とする
（ただし、B＝「マンションの総階数÷33」、D＝「マンション1室の敷地利用権の面積÷専有面積」）

従来の相続税評価額に、この式で求められた「評価乖離率」を掛けると、市場価格の理論値が求められます。つまり、市場価格（理論値）が従来の評価額の3倍だとすると、「評価乖離率」は3になるわけです。

次に、この「評価乖離率」の逆数「評価水準」を求めます。

評価水準＝1÷評価乖離率

この式で求められた「評価水準」というのは、従来の相続税評価額が市場価格のどれだけの割合かを示した数字です。つまり、市場価格（理論値）が従来の評価額の3倍だとす

ると、「評価水準」は3分の1（約0・33）になるわけです。
そして、この評価水準の値によって❶〜❹の4つに場合分けをして、相続税評価額を算出します（次ページ参照）。

この章の冒頭では、相続税評価額が市場価格の2割から3割程度しかない（つまり評価水準が0・2〜0・3）タワーマンションも珍しくないと述べました。そうしたマンションは、❸に該当します。国税庁の試算では、❸に当たるマンションが少なくとも75％あるとのことです。

そうしたマンションでは、2024年1月1日以降、「従来の相続税評価額×評価乖離率×0・6」で相続税評価額が計算されるようになり、必然的に相続税額はアップすることになります。

「従来の相続税評価額×評価乖離率」で理論上の市場価格になるのですが、いきなりこの価格に合わせるのはさすがに厳しすぎると国税庁も考えたのでしょう。0・6を掛けることで、市場価格の6割に抑えたと考えられます。

新しくなった相続マンションの評価水準

❶ 1＜評価水準
（従来の相続税評価額が市場価格より高い場合）

相続税評価額＝従来の相続税評価額×評価乖離率

❷ 0.6≦評価水準≦1
（従来の相続税評価額が市場価格の60%以上100%以下の場合）

相続税評価額＝従来の相続税評価額

❸ 0＜評価水準＜0.6
（従来の相続税評価額が市場価格の60%未満の場合）

相続税評価額＝従来の相続税評価額×評価乖離率×0.6

❹ 評価水準≦0
（従来の相続税評価額が0以下の場合
→理論上、価値のないマンション）

相続税評価額＝0

「相続マンション節税」封じのきっかけになった、ある裁判

国税庁が「相続マンション節税」封じに本腰を入れて取り組んだのは、ある裁判がきっかけでした。マンションの評価額を巡って、最高裁まで争われた裁判です。

2022年4月に最高裁で判決が下されたときは、「相続マンション節税裁判」としてメディアでも話題になったので覚えている方も多いかと思います。

ことのはじまりは、90歳の方が金融機関から10億円以上を借り入れして、東京近郊に高級タワーマンションを2棟購入したことでした。

その後、この方が亡くなるのですが、相続人は相続税申告に際して、2棟のマンションの評価額を、路線価などを参考にして約3億3000万円として、購入時の借り入れと相殺して相続税はゼロと申告したのです。しかも相続税申告前に、相続したマンションの一部を売却していました。

申告のやり方自体に違法性はないのですが、国税庁はこれを許さず、そのマンションが

不動産資産ではなくて金融資産に近いとして課税。不動産鑑定に基づき約12億7000万円であると評価して、約3億円の追徴課税をしたのです。

これを不服として相続人が訴訟を起こし、最高裁まで争われたのが「相続マンション節税裁判」です。判決は、相続人の敗訴でした。さすがに、この節税はやりすぎだと判断されたのです。

この裁判の第一のポイントは、相続人が主張する相続税評価額が妥当だったかどうかという点です。

確かに、国税庁の通達では路線価に基づいた相続税評価額を使用してよいとなっています。しかし、市場価格と評価額があまりにも乖離している場合には、国税庁の判断で、通達による相続税評価額より高い金額で相続財産に算入することになっています。

もっとも、それはかなり特殊な例であり、2012年度以降で9件しかありません。訴訟を起こした人の身になれば、「通達に従って評価額を用いたのに、なぜいけないんだ」と文句を言いたくなる気持ちもわからないわけではありません。

確かにこれは極端なケースでしたが、ではどこまでが許容されて、どこからはダメなのか、基準が曖昧《あいまい》では安心して納税できません。

国税庁もまた、現状を放置するわけにはいかないと考えたようで、マンションの評価方法の見直しに取り掛かったというわけです。

この裁判にはもう1つのポイントがあります。それは、金融機関の対応でした。「マンション購入を利用すれば相続税が節税できますよ」と、金融機関がすすめていたのです。裁判では、「相続税対策のために、マンションを購入する」という稟議書を証拠資料として提出しています。隠すわけにはいかないので、不利な資料も出さざるをえなかったのでしょう。

税理士として言わせてもらうと、こんな節税方法は危険極まりありません。相続や納税の実務を知っているので、100%完全にできない限り確約はしません。口が裂けても「大丈夫ですよ」などとは言えません。

ところが、確約ができるはずがないのに、税法を語ってお客様にすすめている金融機関がなんと多いことでしょうか。税金の専門家ではない人がすすめているところに、もう1つの大きな問題があると思うのです。

どこまでなら「マンション節税」を許されるのか？

確かに、タワマン裁判のケースはやりすぎでした。そして、マンションの評価方法は見直されました。それでも、「相続マンション節税」がどこまでＯＫなのか、心配な方も多いでしょう。

なぜなら、「どのような場合に、国税庁から評価額に対してダメ出しされるのか」という基準が明確になったわけではないからです。そこで、税理士法人レガシィでは、「相続マンション節税裁判」の判決を受けて、「路線価評価の否認危険度判定表」を作成しました。

これは、タワマンなど不動産の路線価評価が否認される危険性を、１００点満点の評点で判定するチェックリストです。お持ちの物件に関する内容を当てはめて、合計点を計算するだけでリスクを確認できます。10個の質問項目には、それぞれ最高15点から5点が配点されています。配点の多い項目は、それだけ重要なポイントを意味しています。

タイミング	項目	選択肢	評点	当該の案件の評点
購入時	購入時の担当税理士	相続専門で「戦える」	10	
		相続専門	8	
		相続専門ではないが経験あり	6	
		国税OB	4	
		相続案件に慣れていない	2	/10
購入時	購入者の年齢	74歳未満	5	
		75〜79歳	4	
		80〜84歳	3	
		85〜89歳	2	
		90歳以上	1	/5
購入時	購入時期	亡くなる前(5年超)	5	
		亡くなる前(5年以内)	4	
		亡くなる前(3年以内)	3	
		亡くなる直前(1年以内)	2	
		亡くなる直前(6カ月以内)	1	/5
購入時	購入地域	居住地から近い物件	5	
		縁のある物件	4	
		収益性を意識した物件	3	
		利用の可能性がある物件	2	
		縁の薄い物件	1	/5
		合計		/100

診断結果	
100点	裁判になった際、勝てる可能性8割
80〜99点	裁判になった際、勝てる可能性6割
60〜79点	裁判になった際、勝てる可能性4割
40〜59点	裁判になった際、勝てる可能性2割
20〜39点	負け戦の可能性あり

「相続マンション節税」路線価評価の否認危険度判定表

タイミング	項目	選択肢	評点	当該の案件の評点
購入時	本人の購入意思	購入意思があったことを証明できる	15	
		購入意思はあったが証明しづらい	12	
		購入意思は曖昧だが、不動産経営者	9	
		購入意思が曖昧で、不動産経営者でない	6	
		相続人(相続する側)が主導した	3	/15
購入時	購入経緯(目的)の記録	なぜ購入したか記録あり	15	
		記録はないが明確	12	
		漠然としている	9	
		節税が目的	6	
		もやもや(無目的)	3	/15
申告時	申告時の担当税理士	相続専門で「戦える」	15	
		相続専門	12	
		相続専門ではないが経験あり	9	
		国税OB	6	
		相続案件に慣れていない	3	/15
申告時	節税額	節税額÷購入前の本来の税額が70%未満	10	
		節税額÷購入前の本来の税額が70%以上	8	
		節税額÷購入前の本来の税額が80%以上	6	
		節税額÷購入前の本来の税額が90%以上	4	
		節税額÷購入前の本来の税額が100%=税額0円	2	/10
申告時	売却時期	相続後(5年超)	10	
		相続後(5年以内)	8	
		相続後(3年以内)	6	
		相続後(2年以内)	4	
		相続後(申告期限以内)	2	/10
購入時	購入のきっかけ	自分で利用したい(居住用目的)	10	
		収入を増やしたい(投資目的)	8	
		他人からすすめられた	6	
		家族からすすめられた	4	
		節税目的が強い	2	/10

すべての項目で最高の評点がつけば、100点満点となります。点数が高いほど否認される恐れは少なくなり、点数が低くなるに従って否認される可能性が高まってきます。難しいことはないと思いますが、内容を簡単に説明しましょう。

1項目で15点と評点が高く、重要なのが「本人の購入意思」です。居住目的だけでなく投資目的でもかまいませんが、その不動産を購入した意思をきちんと証明できるかどうかが重要なポイントです。

逆に、子どもやきょうだいなど、将来の相続人に当たる人物が主導して購入した場合には、相続税対策だと疑われる可能性があります。

同様に、「購入経緯（目的）の記録」も重要です。節税以外の目的や経緯を客観的に示す証拠を残しておくことが大切です。

言うまでもなく、この分野には高い専門性が問われるので、担当税理士が相続に強いかどうかも重要です。

「購入者の年齢」や「購入時期」は最高5点で、それほど重要性は高くありません。年齢だけで健康状態や判断能力は判断できませんし、亡くなる時期も調整できないからです。

マンションを相続する際の2つの対策

今回のマンションの評価の見直しによって、評価額がこれまでは市場価格の3割程度だったものが、6割程度にアップしました。これは、実家がマンションである相続にも影響が及んできます。

タワーマンションと言わずとも都会の高級マンションになると、購入時に親が資金の一部を出しているケースが多いと思います。住宅取得等資金贈与を使い、不足分を親が出すことで親子で共有名義になっているマンションもよくあります。将来、相続が発生したときには親の持分を、子どもがもらう予定になっているわけです。

では、今回マンションの評価額が上がったことで、どう動けばよいでしょうか。まだ親が健在であるというのが前提です。

それには、a案とb案が考えられます。

a案は、何も動かずに、相続まで持ち込むというやり方です。マンションの相続評価額が上がったといっても、市場価格に比べて6割ですから、考えてみれば安いものだからです。

b案は、専門家に計算してもらって、場合によっては親の持分を贈与してもらうやり方です。親がすぐに亡くなってしまうと、贈与した資産は相続財産に持ち戻しされてしまいますが、贈与から7年以上長生きしてくれれば贈与税を1回払えば終わりです。不動産の評価は現金よりも低いので、相続税を払うよりも贈与税のほうが得になる可能性があります。

おそらく、a案を選ぶ人が多いような気がします。というのも、いずれは子どものものになるのだから、余計なエネルギーを使って贈与をする親は少数派だと思います。ただし、財産規模が大きい家では、b案をとったほうがずっと得になるかもしれません。これも、専門家に相談するのがよいでしょう。

〈参考文献〉

『実家じまい終わらせました！』松本明子（祥伝社）
『週刊エコノミスト　２０２３年３／７』（毎日新聞出版）

本書は『やってはいけない「実家」の相続』（2015年・小社刊）に最新の情報を加え、大幅にリニューアルしたものです。

相続に関するお問い合わせ

税理士法人レガシィ

〒104-0028　東京都中央区八重洲2-2-1
東京ミッドタウン八重洲　八重洲セントラルタワー12階
（TEL）03-3214-1717
（FAX）03-3214-3131
（ホームページ）https://legacy.ne.jp/

「相続のせんせい」（会員登録無料）にて、
お役立ち情報を発信中
https://souzoku-no-sensei.legacy.ne.jp/portal

天野隆YouTube

「天野隆のプラス発想応援チャンネル」

https://www.youtube.com/channel/
UCfcZDKfQhg89kVNyAMrBnZQ

天野隆X（Twitter）

「天野隆@プラス思考士業を応援します」

https://twitter.com/AmanoLegacy

天野大輔YouTube

「【相続と文学】天野大輔公式チャンネル」

https://www.youtube.com/channel/
UCU7UiR1a4bM1kmiTlsJ16Q

青春新書
INTELLIGENCE

こころ涌き立つ「知」の冒険

いまを生きる

"青春新書"は昭和三一年に――若い日に常にあなたの心の友として、その糧となり実になる多様な知恵が、生きる指標として勇気と力になり、すぐに役立つ――をモットーに創刊された。

そして昭和三八年、新しい時代の気運の中で、新書"プレイブックス"にその役目のバトンを渡した。「人生を自由自在に活動《プレイ》する」のキャッチコピーのもと――すべてのうっ積を吹きとばし、自由闊達な活動力を培養し、勇気と自信を生み出す最も楽しいシリーズ――となった。

いまや、私たちはバブル経済崩壊後の混沌とした価値観のただ中にいる。その価値観は常に未曾有の変貌を見せ、社会は少子高齢化し、地球規模の環境問題等は解決の兆しを見せない。私たちはあらゆる不安と懐疑に対峙している。

本シリーズ"青春新書インテリジェンス"はまさに、この時代の欲求によってプレイブックスから分化・刊行された。それは即ち、「心の中に自らの青春の輝きを失わない旺盛な知力、活力への欲求」に他ならない。応えるべきキャッチコピーは「こころ涌き立つ"知"の冒険」である。

予測のつかない時代にあって、一人ひとりの足元を照らし出すシリーズでありたいと願う。青春出版社は本年創業五〇周年を迎えた。これはひとえに長年に亘る多くの読者の熱いご支持の賜物である。社員一同深く感謝し、より一層世の中に希望と勇気の明るい光を放つ書籍を出版すべく、鋭意志すものである。

平成一七年　　刊行者　小澤源太郎

著者紹介

税理士法人レガシィ(ぜいりしほうじん れがしぃ)
1964年創業。相続専門税理士法人として累計相続案件実績件数は2万6000件を超える。日本全国でも数少ない、高難度の相続にも対応できる相続専門家歴20年以上の「プレミアム税理士」を多数抱え、お客様の感情に寄り添ったオーダーメードの相続対策を実践している。

天野　隆(あまの たかし)
税理士法人レガシィ代表社員税理士。公認会計士、宅地建物取引士、CFP。1951年生まれ。慶應義塾大学経済学部卒業。アーサーアンダーセン会計事務所を経て、1980年から現職。『相続格差』(小社刊)他、102冊の著書がある。

天野大輔(あまの だいすけ)
税理士法人レガシィ代表社員税理士。公認会計士、基本情報技術者。1979年生まれ。慶應義塾大学大学院文学研究科修了。大手情報システム会社、監査法人を経て現職。プラットフォーム「相続のせんせい」を開発。YouTubeチャンネル「相続と文学」を運営。著書に『相続でモメる人、モメない人』(日刊現代)などがある。

青春新書
INTELLIGENCE

【最新版《さいしんばん》】
やってはいけない「実家《じっか》」の相続《そうぞく》

2024年3月15日　第1刷
2024年4月30日　第2刷

著　者　税理士法人《ぜいりしほうじん》レガシィ
天野《あまの》　隆《たかし》
天野《あまの》大輔《だいすけ》

発行者　小澤源太郎

責任編集　株式会社プライム涌光
電話　編集部　03(3203)2850

発行所　東京都新宿区若松町12番1号　〒162-0056
株式会社青春出版社
電話　営業部　03(3207)1916　振替番号　00190-7-98602

印刷・中央精版印刷　製本・ナショナル製本

ISBN978-4-413-04690-9